DREI KÖCHE

DREI KÖCHE

Sternen Post, Hugenhof und Schlegelhof

HERAUSGEGEBEN VON CHRISTIAN HODEIGE
FOTOGRAFIE MICHAEL WISSING

DAS AUGE ISST MIT. Das ist eine Binsenweisheit, aber sie trifft hundertprozentig ins Schwarze, wenn wir uns mit Kulinarik beschäftigen. Es sind die Bilder, die faszinieren, die Worte sind die notwendige Begleitmusik. Nach dieser Erkenntnis ist dieses Buch entstanden. Es setzt auf die Wirkkraft der Bilder. Der Fotograf *Michael Wissing* arbeitete über Monate, teils über Jahre mit den hier vorgestellten Köchen in ihren Häusern zusammen. Nur dank dieser Nähe konnten Fotografien entstehen, denen es gelingt, die Persönlichkeit der Protagonisten einzufangen. Denn was *Bernd Lutz, Klaus Ditz* und *Martin Schlegel* mit ihren Kochkünsten ausdrücken, ist nicht weniger als genau diese Persönlichkeit.

Wir laden Sie in diesem Buch ein zu einem Streifzug durch die Gaststuben von Wirten, die nichts mehr als Herausforderung empfinden, als ihren Gästen das Beste aus Küche und Keller zu bieten. Ob in der Sternen Post, im Hugenhof oder im Schlegelhof – die Einmaligkeit dieser Häuser ist bestechend. Die Individualität der porträtierten Köche spiegelt sich ja nicht nur in ihren Kompositionen wider, sie scheint in jedem der Rezepte auf, die in diesem Buch erstmals veröffentlicht werden. Entsprechend unterschiedlich sind die begleitenden Anleitungen für jene gehalten, die sich daran machen, diese Rezepte in ihrer heimischen Küche umzusetzen.

Mit viel Bedacht wurden drei Gasthäuser gewählt, die bei aller Individualität doch dreierlei verbindet: Perfektion im Handwerk, höchster Anspruch in der Auswahl der Zutaten sowie der Ansatz, eine Brücke zwischen rustikal geprägter Küche auf der einen und fein differenzierter Hochküche auf der anderen Seite zu schlagen. Gemeinsam sollen sie nicht etwa als die Trias der badischen Kochkunst verstanden werden, sondern vielmehr als kulinarischer Dreiklang. Ein Dreiklang, der in faszinierender Weise jene herausragende Gasthauskultur vermittelt, mit der wir in unserer Region im Wortsinne gesegnet sind.

Christian Hodeige und Markus Hemmerich

Bernd Lutz

DER STILLE KÜNSTLER Wer eine moderne regionale Küche für die ganze Familie sucht, dem sei die Sternen Post in Oberried bei Kirchzarten wärmstens ans Herz gelegt. Bernd Lutz, der zehn Jahre als rechte Hand von Alfred Klink im Sternerestaurant des Colombi Hotels in Freiburg wirkte, erfüllt sich im herrlichen Dreisamtal seinen eigenen Traum von einer anspruchsvollen, bodenständischen Küche, die für alle erschwinglich sein soll und doch die große Kochkunst des Patrons eindrucksvoll zum Ausdruck bringt. Zusammen mit seiner Frau Rosemarie Triebswetter-Lutz hat er ein herrliches altes Gasthaus vor dem Abriss bewahrt und einen der schönsten, so heimeligen wie „kitschfreien" Gasträume der Region geschaffen, mit einer wunderbaren Außenterrasse in den Sommermonaten. Seine Küche soll schmecken, erklärt Lutz, der am liebsten Bioprodukte verarbeitet und zu seinen Lieferanten eine intensive Beziehung pflegt. Ob der Spisingerhof im Katzensteig, der das Kalbfleisch liefert, oder der Lindenbrunnenhof in Forchheim, der das Gemüse und die langsam zur Legende werdenden Kartoffeln produziert, oder die Forellenzucht Tress in Lauchringen, die frische Saiblinge anliefert, auch die Gäste sollen die örtlichen Erzeuger, mit denen Lutz zusammenarbeitet, kennenlernen. Erstklassige, immer frische Grundprodukte werden in der Sternen Post mit einem ausgeprägten Sinn für die klassische badische Küche, aber immer auch mit einem gehörigen Schuss Innovation verarbeitet. Am liebsten zerlegt Lutz ganze Tiere. Ob Wild aus der heimischen Jagd, Heidschnucken aus dem Dreisamtal oder fangfrische Forellen aus der Brugga – dem Bach hinterm Haus – alles, vom Filet über Gulaschstückchen bis zum Hackfleisch, wird in der Küche zu höchst schmackhaften Gerichten zubereitet. Die Tagesempfehlungen des Chefs sind, neben der regional und saisonal ausgerichteten und ständig wechselnden Speisekarte, meist sofort ausverkauft. Längst hat sich der „Gastrosoph der Landküche" einen ausgezeichneten Ruf erkocht und schätzt seine treue Stammkundschaft. Neben den vielen bekannten Winzern auf der umfangreichen Weinkarte findet der Gast auch viele neue Schätze der badischen Weinbaukunst, die sich hervorragend als Essensbegleiter eignen.

Bernd Lutz

Kürbissuppe mit Käsekrapfen

SEITE 70

Mangold
SEITE 71

Tatar vom Rinderfilet

SEITE 71

Limonen-Gnocchi

SEITE 72

Pulpo mit Spargel
SEITE 72

Schupfnudeln
SEITE 73

Kalbshaxe aus dem Ofen

SEITE 73

Geschmortes Zicklein
SEITE 74

Miesmuscheln im Gemüsesud
SEITE 74

Aubergine und Fetakäse mit Tomatensugo

SEITE 75

Tomatenessenz mit gebackenem Büffelmozzarella

SEITE 76

Gefüllte Kalbsbrust
SEITE 77

Asiatische Meeresfrüchtesuppe

SEITE 77

Wildkräuterravioli mit glaciertem Frühlingsgemüse
SEITE 78

Terrine vom Kalbstafelspitz mit Gemüsevinaigrette

SEITE 79

Saibling mit Fenchelsalat und Tomaten-Limonen-Vinaigrette

SEITE 80

Karamellisierter Ziegenkäse mit Feigenmarmelade

SEITE 80/81

Forelle mit sauren Gurken

SEITE 81

Gebackene Zanderkroketten mit Spargel
SEITE 82

Gebackenes Ei auf Spargel-Tomaten-Salat

SEITE 83

Stubenküken mit Zucchini und Pfifferlingsravioli

SEITE 84

Gebratene Kartoffeltaschen mit
Ibentäler Bergkäse gefüllt und Muskatkürbis

SEITE 85

Erdbeersüppchen
SEITE 86

Rosemarie Triebswetter-Lutz

Pannacotta mit Rhabarbergelee
SEITE 86

Mandelmousse
SEITE 87

Joghurt-Crème-brûlée
SEITE 87

Kirschplotzer mit Kirschragout
SEITE 88

Grießflammeri mit Holundersüppchen

SEITE 88/89

Füllgewicht
500g

Rote Grütze mit Vanilleeis

SEITE 89

Rezepte

Kürbissuppe mit Käsekrapfen

S. 14 | FÜR 4 PERSONEN

KÜRBISSUPPE
500 g Hokkaidokürbis
1 Karotte
2 Zwiebeln
50 ml Weißwein
200 ml Sahne
200 ml Gemüsebrühe
400 ml Kokosmilch
1 EL frischer Ingwer
1 EL Honig
Zitronensaft nach Belieben
Pernod nach Belieben
Salz
Butter und Öl zum Anschwitzen
Kürbiskerne und Kürbiskernöl zum Garnieren

KÄSEKRAPFEN
500 g Kartoffeln
100 ml Wasser
15 g Butter
50 g Mehl
1 Ei
60 g Parmesan, gerieben
Salz, Muskat

• Für die Kürbissuppe den Kürbis vom Kerngehäuse befreien und in ca. 2 x 2 cm große Würfel schneiden. Die Karotte und Zwiebeln ebenfalls würfeln und in einem Topf mit etwas Butter und Öl anschwitzen. Die Kürbiswürfel dazugeben und kurz mit anschwitzen. Mit Weißwein ablöschen und etwas einkochen. Die restlichen Zutaten hinzufügen und so lange bei geringer Hitze mit geschlossenem Deckel kochen, bis der Kürbis weich ist. Danach alles mixen und durch ein feines Sieb passieren. Ist die Suppe zu dick, etwas Brühe nachgießen. Mit Salz und etwas Zitronensaft abschmecken, eventuell Pernod dazugeben. Mit Kürbiskernen und Kürbiskernöl garnieren.

• Für die Käsekrapfen die Kartoffeln in der Schale kochen, pellen und ausdampfen lassen. Dann eine Brandteigmasse herstellen. Dazu das Wasser und die Butter mit etwas Salz aufkochen. Das Mehl hinzufügen und mit einem Kochlöffel bei mittlerer Hitze so lange rühren, bis sich die Masse vom Boden löst und eine Art Kloß entsteht. Die Masse in eine Schüssel umfüllen und das Ei einrühren. Die Kartoffeln durch eine Presse drücken und mit der Brandteigmasse und dem Parmesan sorgfältig verkneten. Mit Salz und Muskat abschmecken. Mit einem Teelöffel Krapfen abstechen und diese bei 170 Grad frittieren.

Mangold

S. 17 | FÜR 4 PERSONEN

300 g Mangold
30 g Zwiebeln, gewürfelt
15 g Butter
15 g Mehl
15 ml Weißwein
100 ml Sahne
50 ml Milch
1 TL Gorgonzola, gerieben
Knoblauch nach Belieben
1 Lorbeerblatt
Salz

• Den Mangold in die gewünschte Form schneiden und blanchieren. Den Fond beiseitestellen. Die Zwiebelwürfel in Butter anschwitzen. Das Mehl dazugeben und kurz mit anschwitzen. Mit dem Weißwein ablöschen und mit der Sahne, Milch und dem Mangoldfond auffüllen. Mit Salz, Gorgonzola und Knoblauch abschmecken. Das Lorbeerblatt hinzufügen und alles 20 Minuten köcheln lassen. Das Lorbeerblatt herausnehmen und das Ganze mit einem Stabmixer zur Sauce verquirlen. Den blanchierten Mangold in die Sauce geben und ein Mal aufkochen lassen.

Tatar vom Rinderfilet

S. 19 | FÜR 4 PERSONEN

1 Ei
300 g Rinderfilet
2 EL natives Olivenöl extra
1 TL Senf
1 TL Ketchup
1 EL Schnittlauch, fein geschnitten
1 Schalotte
2 Essiggurken
1 EL Stielkapern
Salz, Pfeffer aus der Mühle

• Das Ei ca. 8 Minuten hart kochen, abschrecken und abkühlen lassen. Das Ei vorsichtig pellen, Eiweiß vom Eigelb trennen und beides in feine Würfel schneiden. Das Rinderfilet vom Silberhäutchen befreien und in ca. 3 mm feine Würfel schneiden.Die Fleischwürfel in einer Schüssel mit dem Olivenöl, Senf und Ketchup marinieren und mit Salz, Pfeffer und Schnittlauch abschmecken. Die restlichen Zutaten wie das Ei in feine Würfel schneiden. Alles zusammen auf Tellern anrichten und garnieren.

Limonen-Gnocchi

S. 22 | FÜR 4 PERSONEN

250 g Kartoffeln, mehligkochend
75 g Mehl
1 Eigelb
125 g Ricotta
1 unbehandelte Limone, Saft und Abrieb
Salz, Muskat
Öl und Butter zum Braten

• Die Kartoffeln in der Schale kochen, bis sie mehlig sind. Kurz ausdampfen lassen, pellen und durch eine Presse drücken. Das Mehl, Eigelb und den Ricotta dazugeben und vermengen. Mit Limonensaft und -abrieb, Salz und Muskat abschmecken und zu einem Teig verarbeiten. Den Teig zu 2 cm breiten Strängen rollen und 3 cm lange Stücke abschneiden. Die Teigstücke über ein Gnocchibrett rollen, um sie mit einem Gittermuster zu versehen. Die Gnocchi in kochendes Salzwasser geben und ca. 3 Minuten ziehen lassen. In kaltem Wasser abschrecken und auf einem Küchentuch trocknen. Anschließend in einer Pfanne mit Öl und Butter goldgelb braten.

Pulpo mit Spargel

S. 24 | FÜR 4 PERSONEN

2 Pulpo (ca. 1 kg)
600 g grüner Spargel

Olivenöl und Butter zum Braten
Muskat und Limonenabrieb nach Belieben

VINAIGRETTE
2 Paprika (1 gelbe, 1 rote)
10 Zuckerschoten
10 Kirschtomaten
2 Schalotten
½ Fenchel
1 gekochtes Ei
1 EL weißer Balsamico
2 EL Traubenkernöl
Koriander, Kardamom, Chili

• Den Pulpo mit einem Naturkorken ca. 2 Stunden in einem Topf sieden lassen, bis die Arme weich sind. Den Fond beiseitestellen. Die Arme des Pulpo vom Kopf trennen, in eine mit Klarsichtfolie ausgekleidete Terrinenform legen und mit etwas Kochfond angießen. Mit einem schweren Gegenstand pressen und über Nacht kühl stellen.

• Den grünen Spargel in Olivenöl und Butter braten und mit Muskat und Limonenabrieb abschmecken.

• Für die Vinaigrette die Paprika, Zuckerschoten, Kirschtomaten, Schalotten und den Fenchel anschwitzen, mit den restlichen Zutaten vermengen und mit einem Pürierstab mixen.

Schupfnudeln

S. 26 | FÜR 4 PERSONEN

250 g Kartoffeln, mehligkochend
75 g Mehl
1 Ei
Salz, Muskat
Öl zum Braten

• Die Kartoffeln in der Schale kochen, bis sie weich sind. Kurz ausdampfen lassen, pellen und durch eine Presse drücken. Mehl und das Ei dazugeben, mit Muskat und Salz abschmecken und zu einem Teig verarbeiten. Die Hände mit Mehl bestäuben und aus dem Teig fingerlange und -breite, an beiden Enden spitz zulaufende Nudeln formen – schupfen. Die Schupfnudeln in kochendes Wasser geben. Nachdem sie an die Oberfläche gestiegen sind, noch einige Minute ziehen lassen. Dann mit einem Schaumlöffel abfischen und in Öl anbraten.

Kalbshaxe aus dem Ofen

S. 27 | FÜR 4 PERSONEN

1 Kalbshinterhaxe (ca. 1,2 kg)
2 Karotten
1 Knollensellerie
½ Stange Lauch
3 Staudensellerie
3 Knoblauchzehen
3 rote Zwiebeln
Pfefferkörner, Wacholderbeeren, Lorbeerblätter
⅛ l Weißwein
400 g breite Bohnen
Zitronenthymian- und Rosmarinzweige, Bohnenkraut
Salz, Pfeffer

• Das Fleisch von den Sehnen befreien und leicht mit Salz und Pfeffer würzen. Die Haxe in einen Schmortopf geben und bis zur Hälfte mit Wasser bedecken und im vorgeheizten Backofen bei 150 Grad ca. 2 Stunden schmoren. Dabei das Fleisch immer wieder wenden. Das Gemüse, den Knoblauch und die Zwiebeln grob schneiden und mit den Gewürzen und dem Weißwein in den Topf geben. Weiterschmoren, bis die Haxe gar ist (ca. 1 Stunde).
Die Bohnen schneiden und blanchieren. Kurz vor dem Garungsende die Bohnen und Kräuter in den Topf geben. Die Haxe ist fertig, sobald sich das Fleisch leicht vom Knochen lösen lässt.

Geschmortes Zicklein

S. 28 | FÜR 4 PERSONEN

ca. 1,2 kg Zickleinfleisch (Schulter, Rücken und Keule)
4 Knoblauchzehen
300 g Wurzelgemüse (Sellerie, Karotte, Lauch, Zwiebel)
2 Zwiebeln
⅛ l Weißwein
400 g breite Bohnen
Olivenöl und Butter zum Braten
Bohnenkraut, Rosmarin, Thymian, Petersilie
Salz, Pfeffer

• Das Fleisch leicht mit Salz und Pfeffer würzen und in Olivenöl von allen Seiten anbraten. Den Knoblauch andrücken, das Gemüse grob schneiden und mit etwas Wasser in einen Schmortopf geben. Den Topf fest verschließen und bei 180 Grad 20 Minuten in den vorgeheizten Backofen schieben. Die Kräuter dazugeben und weitere 10 Minuten ohne Deckel weitergaren. Mit Weißwein angießen und das Fleisch weitere 35 Minuten mit geschlossenem Deckel garen. Dann das Fleisch aus dem Topf nehmen, warm stellen und den Fond beiseitestellen.
Vor dem Anrichten das Fleisch in Butter und Thymian knusprig braten. Den Schmorfond durch ein grobes Sieb passieren und bis zur gewünschten Konsistenz einkochen. Mit Knoblauch und Petersilie abschmecken.Die breiten Bohnen in Salzwasser blanchieren, in kaltem Wasser abschrecken, in längliche Stücke schneiden und im Zickleinfond glacieren. Mit Bohnenkraut und Knoblauch verfeinern.
Die breiten Bohnen auf die Teller geben und das portionierte Zicklein darauf anrichten.

Miesmuscheln im Gemüsesud

S. 31 | FÜR 4 PERSONEN

1 kg Miesmuscheln
200 g Wurzelgemüse (Fenchel, Lauch, Staudensellerie, Karotte)
1 Tomate
2 Knoblauchzehen
1 Thymianzweig
1 Lorbeerblatt
¼ l Weißwein
Olivenöl

• Von den Muscheln mit einem Messer die Kalkrückstände entfernen, anschließend putzen und waschen. In einem Topf Olivenöl erhitzen, die Muscheln dazugeben und mehrmals umrühren. Das Wurzelgemüse klein schneiden, die Tomate würfeln, den Knoblauch fein schneiden und mit dem Thymianzweig und Lorbeerblatt in den Topf geben. Mit Weißwein ablöschen und bei geschlossenem Deckel erhitzen.
Öffnen sich die Muscheln, können sie in eine Schüssel gegeben, angerichtet und mit Baguette serviert werden.

Aubergine und Fetakäse mit Tomatensugo

S. 32 | FÜR 4 PERSONEN

AUBERGINEN-FETA-PÄCKCHEN
1 Aubergine
300 g Fetakäse in Salzlake
Olivenöl zum Braten
Salz, Pfeffer

AUBERGINENPÜREE
2 Auberginen
etwas Olivenöl
4 Rosmarinzweige
4 Thymianzweige
etwas Zitronensaft
etwas dunkler Balsamico
Salz, Pfeffer

TOMATENSUGO
1–2 Zwiebeln
1 Dose Schältomaten (ca. 450 g)
5 Blätter Basilikum
3 Thymianzweige
1 Rosmarinzweig
Olivenöl zum Braten
Salz, Pfeffer
evtl. Balsamico zum Abschmecken

• Für die Auberginen-Feta-Päckchen die Aubergine der Länge nach in ca. 2–3 mm breite Scheiben schneiden. Die Scheiben in einer Pfanne mit Olivenöl, Salz und Pfeffer bei mittlerer Hitze von beiden Seiten kurz anbraten und auf ein Küchenpapier zum Abtropfen legen.
Den Fetakäse in acht möglichst rechteckige Stücke schneiden.
Eine Auberginenscheibe auf die Arbeitsfläche legen, darauf ein Stück Fetakäse geben und die Aubergine der Länge nach links und rechts am Fetakäse entlang abschneiden. Die Aubergine um den Fetakäse wickeln und das Päckchen um 90 Grad drehen, so dass die noch nicht eingepackten Seiten nach vorne und hinten zeigen. Den Vorgang mit einer zweiten Auberginenscheibe wiederholen und so den Käse komplett einpacken.
Die Auberginen-Feta-Päckchen kühl stellen und vor dem Servieren in einer Pfanne von allen Seiten in Olivenöl bei mittlerer Hitze anbraten.

• Für das Auberginenpüree die Auberginen der Länge nach halbieren und mit einem Messer das Fruchtfleisch rautenförmig einschneiden. Die Hälften mit der Schnittfläche nach oben auf ein Backblech legen und mit Salz, Pfeffer und Olivenöl würzen. Die Rosmarin- und Thymianzweige auf die Auberginenhälften legen und im vorgeheizten Backofen bei 160 Grad ca. 45 Minuten garen. Danach die Auberginen mit einem Löffel auskratzen und das Fruchtfleisch ohne die Schale mit einem Messer fein hacken. Anschließend mit Salz, Pfeffer, Zitronensaft und dunklem Balsamico abschmecken.

• Für das Tomatensugo die Zwiebeln in grobe Würfel schneiden und mit etwas Olivenöl in einem Topf bei geringer Hitze ca. 5 Minuten anbraten. Die Dosentomaten dazugeben, mit Salz und Pfeffer würzen und die Basilikumblätter, Thymian- und Rosmarinzweige beifügen. Bei geringer Hitze ca. 1–1½ Stunden leicht köcheln lassen, bis die Flüssigkeit verkocht ist. Die Kräuter aus dem Topf nehmen und alles mit dem Stabmixer pürieren. Nochmals mit Salz, Pfeffer und eventuell etwas Balsamico abschmecken.

Tomatenessenz mit gebackenem Büffelmozzarella

S. 34 | FÜR 4 PERSONEN

TOMATENESSENZ
1 kg reife Tomaten
100 g Karotten
100 g Sellerie
100 g Zwiebeln
100 g Schältomaten
250 ml Tomatensaft
2 Eiweiß
etwas Gin zum Abschmecken
1 Bund Basilikum
Salz, Zucker

8 Minibüffelmozzarella
Mehl, Ei und Semmelbrösel zum Panieren

OFENTOMATEN
6 Kirschtomaten
Thymian, Rosmarin
Salz, Pfeffer

1 Tomate als Einlage, gewürfelt

• Für die Tomatenessenz die Tomaten vierteln, den Strunk entfernen, salzen, zuckern und 1 Stunde ruhen lassen. Das Gemüse und die Zwiebeln würfeln, zusammen mit den Schältomaten anschwitzen und zu den Tomatenvierteln geben. Das Ganze durch einen Fleischwolf drehen. Den Tomatensaft und das Eiweiß dazugeben. Die Suppe langsam in einem Topf erwärmen und aufkochen lassen. Durch ein Passiertuch geben und den gewonnen klaren Tomatenfond leicht einkochen. Mit Gin und Basilikum abschmecken.

• Den Büffelmozzarella in Mehl, Ei und Semmelbröseln panieren und in der Fritteuse bei 150 Grad goldgelb ausbacken.

• Für die Ofentomaten die Kirschtomaten halbieren, mit den Kräutern, Salz und Pfeffer würzen. Bei 60 Grad ca. 30 Minuten in den vorgeheizten Backofen geben.

• Die Tomatenessenz mit den Ofentomaten, Tomatenwürfeln und dem gebackenen Büffelmozzarella in tiefen Tellern anrichten.

Gefüllte Kalbsbrust

S. 36 I FÜR 4 PERSONEN

1 kg Kalbsbrust
etwas Senf
100 g trockenes Weißbrot, ohne Rinde
⅛ l Milch
150 g Röstgemüse (Zwiebel, Sellerie, Karotte, Lauch)
100 g Kalbshackfleisch
2 Eier
1 EL Blattpetersilie, gehackt
Knoblauch nach Belieben
3 Blatt Liebstöckel
1 unbehandelte Zitrone, Abrieb
Weißwein nach Belieben
Salz, Pfeffer, Muskat
1 Kräutersträußchen (Thymian, Rosmarin, Petersilie, Salbei)

• Vom Metzger die Kalbsbrust einschneiden lassen. Die Kalbsbrust innen leicht mit Salz, Pfeffer und etwas Senf würzen.

• Das Weißbrot würfeln, die Milch lauwarm erhitzen und die Weißbrotwürfel darin einweichen. Das Röstgemüse in grobe Würfel schneiden (die Abschnitte beiseitestellen), dünsten und abkühlen lassen. Das Hackfleisch und das eingeweichte Brot, die Eier, das Röstgemüse und die Kräuter, etwas Zitronenabrieb, Salz, Pfeffer und Muskat vermengen. Die Kalbsbrust mit der Masse füllen (nicht stopfen, da die Füllung aufgeht) und mit Küchengarn zunähen. In einem Schmortopf mit etwas Wasser bei 150 Grad ca. 2 Stunden mit geschlossenem Deckel garen. Nach 1 Stunde die Abschnitte des Röstgemüses und den Weißwein dazugeben. Ab und zu wenden und mit Flüssigkeit begießen. Kurz vor dem Garungsende ein Kräutersträußchen dazugeben.

Asiatische Meeresfrüchtesuppe

S. 39 I FÜR 4 PERSONEN

16 rohe Riesengarnelen ohne Kopf (TK)
2 Stängel Zitronengras
1 Galgantwurzel (ca. 3 cm)
4 Zitronenblätter
2 EL Tom Yum Paste
200 g Austernpilze
4 EL Zitronensaft
Chilischote, fein geschnitten (nach Belieben)

• Die Garnelen schälen (das Schwanzende dabei nicht ablösen), vom Rücken her aufschneiden und den Darmfaden entfernen. In einem Topf 750 ml Wasser zum Kochen bringen. Die Zitronengrasstängel weich klopfen und in den Topf geben. Die Galgantwurzel in feine Scheiben schneiden, mit den Zitronenblättern und der Tom Yum Paste dazugeben. Alles ca. 15 Minuten bei geringer Hitze köcheln lassen. Die Austernpilze in feine Scheiben schneiden, dazugeben und weitere 15 Minuten köcheln lassen. Zum Schluss die vorbereiteten Riesengarnelen in die Suppe geben und garziehen. Die Suppe mit Zitronensaft abschmecken.

TIPP Die Suppe kann mit anderen Meeresfrüchten wie Jakobsmuscheln, Tintenfisch oder Fischfilets variiert werden.
Chili verleiht dem Ganzen mehr Schärfe.

Wildkräuterravioli mit glaciertem Frühlingsgemüse

S. 40 | FÜR 4 PERSONEN

NUDELTEIG
500 g Mehl
120 g Eigelb
2 Eier
2 EL Olivenöl
30 ml Wasser
Salz

FÜLLUNG
Wiesenkräuter nach Belieben (z. B. Spitzwegerich, Schafgarbe, Giersch, Frauenmantel, junge Brennnesselblätter, Sauerampfer)
125 g Ricotta
½ EL Mascarpone
½ EL Crème fraîche
25 g Mehl
20 g Parmesan
Blattpetersilie
Brotwürfel, geröstet
1 Eigelb

1 Eigelb zum Bestreichen
etwas Butter
Parmesan, gerieben (nach Belieben)
Wildkräuter zum Garnieren

FRÜHLINGSGEMÜSE
300 g grüner Spargel
300 g weißer Spargel
1 Bund Frühlingszwiebeln
4 junge Karotten
2 Stangen Staudensellerie
10 kleine Kirschtomaten
Butter und Olivenöl zum Garen
¼ l Gemüsebrühe
Koriander, Kardamom
Salz

- Für den Nudelteig alle Zutaten zu einem Teig verarbeiten und 30 Minuten ruhen lassen.

- Für die Raviolifüllung alle Zutaten in einer Küchenmaschine mixen.

- Den Nudelteig ausrollen, Kreise (6 cm Ø) ausstechen und mit Eigelb bestreichen. Die Füllung auf eine Kreishälfte geben, zu einem Halbmond zusammenklappen und die Ränder andrücken. Die Ravioli in leicht gesalzenem Wasser ca. 10 Minuten sieden lassen. Auf einem Küchentuch trocknen.

- Das Gemüse in längliche Stücke schneiden, mit Butter, Olivenöl und Gemüsebrühe bei leichter Temperatur garen, mit Koriander, Kardamom und Salz abschmecken.

- Die Ravioli in einer Pfanne mit Butter und Parmesan schwenken und auf dem Frühlingsgemüse anrichten. Mit Wildkräutern garnieren.

Terrine vom Kalbstafelspitz mit Gemüsevinaigrette

S. 43 | FÜR 4 PERSONEN

TERRINE
1 kg Kalbstafelspitz
200 g Sellerie
400 g Karotten
50 g Petersilie
2 Lorbeerblätter
10 Wacholderbeeren
20 weiße Pfefferkörner
6 Blatt Gelatine
Salz, Pfeffer

GEMÜSEVINAIGRETTE
75 g Karotten
75 g Zucchini
etwas Öl
200 ml Tafelspitzfond (vom gekochten Tafelspitz)
½ Limone, Saft
etwas Butter
Salz, weißer Pfeffer

• Für die Terrine den Kalbstafelspitz in einem Topf von allen Seiten leicht anbraten. Dann den Topf mit Wasser auffüllen, bis das Fleisch bedeckt ist, und bei mittlerer Hitze ca. 45 Minuten leicht köcheln lassen. Den entstehenden Schaum mit einem großen Löffel immer wieder vorsichtig abschöpfen.
Die Sellerie und 200 g Karotten würfeln, mit 30 g Petersilie, den Lorbeerblättern, Wacholderbeeren und Pfefferkörnern in den Topf geben, alles leicht salzen und 1–1½ Stunden bei schwacher Hitze köcheln lassen, bis der Tafelspitz weich ist. Das Gemüse und den Tafelspitz aus dem Topf nehmen und kalt stellen.
Den Fond passieren und auf etwa 700 ml einkochen, vom Herd nehmen und 200 ml für die Vinaigrette beiseitestellen.
In den restlichen Fond die bereits eingeweichte Gelatine geben, verrühren, bis sie sich auflöst. Mit Salz und Pfeffer abschmecken.
100 g Karotten der Länge nach in 1–2 mm dünne Scheiben schneiden und in Salzwasser ca. 2 Minuten blanchieren, bis sie weich sind. In kaltem Wasser abschrecken. Die Scheiben in eine mit Klarsichtfolie ausgelegte Terrinenform (ca. 1 l Fassungsvermögen) nebeneinander einlegen.
Die restliche Petersilie fein hacken und mit den abgekühlten Karotten- und den Selleriewürfeln vermischen. Den abgekühlten Tafelspitz ebenfalls in Würfel schneiden und mit dem Gemüse vermischen. Die Tafelspitz-Gemüse-Mischung in die Terrinenform geben und mit dem leicht abgekühlten Fond auffüllen, bis die Fleisch-Gemüse-Würfel komplett bedeckt sind. Die Terrine kalt stellen.
Die restlichen Karotten in Scheiben schneiden, blanchieren und auf die Terrine legen. Die Terrine für 3–4 Stunden im Kühlschrank durchkühlen lassen.

• Für die Gemüsevinaigrette die Karotten und Zucchini in dünne Rauten schneiden, in einem kleinen Topf mit etwas Öl bei mittlerer Hitze ansautieren. Mit dem beiseitegestellten Tafelspitzfond auffüllen und etwa um ein Drittel einkochen, mit Salz, Pfeffer und Limonensaft abschmecken. Kurz vor dem Servieren ein kaltes Stück Butter hinzugeben und verrühren.

Saibling mit Fenchelsalat und Tomaten-Limonen-Vinaigrette

S. 44 | FÜR 4 PERSONEN

250 g Saiblingsfilet

FENCHELSALAT
15 g Zucker
20 ml Noilly Prat
etwas Pernod
200 g Orangensaft
2 Fenchelknollen
Salz

TOMATEN-LIMONEN-VINAIGRETTE
50 g Schalotten
60 g Fenchel
20 g getrocknete Tomaten
Traubenkernöl zum Dünsten
40 g Noilly Prat
20 g Weißwein
100 g Fischfond
150 g Geflügelfond
1 unbehandelte Limone, Saft und Abrieb
Salz, Pfeffer

Petersilie zum Garnieren

• Vom Saibling mit einem scharfen Messer dünne Scheiben schneiden und diese in runden Tellern kreisförmig anrichten.

• Für den Fenchelsalat den Zucker in einen kleinen Topf geben und bei mittlerer Hitze goldgelb karamellisieren. Mit dem Noilly Prat und ein paar Tropfen Pernod ablöschen und ein Mal aufkochen lassen. Den Orangensaft hinzufügen und alles auf etwa die Hälfte einkochen. Mit Salz abschmecken und den möglichst dünn gehobelten Fenchel (ohne Strunk) hinzugeben. Jetzt mit der Hand gut vermengen und 1–2 Stunden abgedeckt ziehen lassen.

• Für die Tomaten-Limonen-Vinaigrette die Schalotten, den Fenchel und die Tomaten fein würfeln. Mit etwas Traubenkernöl in einem kleinen Topf dünsten und nach 2–3 Minuten mit dem Noilly Prat und Weißwein ablöschen. Leicht einkochen und mit dem Fisch- und Geflügelfond auffüllen. Dann einige Minuten leicht köcheln lassen, bis das Gemüse weich ist. Mit Salz, Pfeffer, Limonensaft und -abrieb würzen.

• Den Fenchelsalat in der Mitte der Teller anrichten, die Vinaigrette dazugeben und mit gehackter Petersilie bestreuen.

Karamellisierter Ziegenkäse mit Feigenmarmelade

S. 47 | FÜR 4 PERSONEN

80 g Zucker
200 ml Portwein
200 ml Johannisbeersaft
1 Zimtstange
8 reife Feigen
200 g Ziegenfrischkäse
1 EL Rohrzucker
Salz, Pfeffer

1 Bund Rucola

WALNUSSDRESSING
40 ml weißer Balsamico
1 Prise Zucker
60 ml Geflügelfond
40 ml Walnussöl
40 ml Traubenkernöl
Salz, Pfeffer

• Den Zucker in einen Topf geben und karamellisieren. Mit dem Portwein und Johannisbeersaft ablöschen und die Zimtstange beifügen. Die Feigen in den Topf geben und alles ein Mal aufkochen. Zwei Feigen herausnehmen, vierteln und mit etwas Fond begießen. Den Rest ca. 20 Minuten köcheln lassen und mit einem Stabmixer pürieren. Bei schwacher Hitze einkochen, bis eine dickflüssige Konsistenz erreicht ist. Den Ziegenfrischkäse in fingerbreite Scheiben schneiden. Mit dem Rohrzucker bestreuen und mithilfe eines Bunsenbrenners karamellisieren.

• Für das Walnussdressing den Balsamico mit Salz, Pfeffer und Zucker vermischen. Den Geflügelfond dazugeben. Das Walnuss- und Traubenkernöl nach und nach dazugeben und mit einem Stabmixer homogenisieren.

Forelle mit sauren Gurken

S. 49 | FÜR 4 PERSONEN

4 Forellenfilets

BEIZE
150 g weißer Balsamico
30 g Zucker
3 g Senfsaat
1 Lorbeerblatt
½ Orange, Saft und Zeste
5 g Salz
½ Bund Dill

SAURE GURKEN
½ Gurke
1 Schalotte
3 g Senfkörner
30 g weißer Balsamico
10 g Zucker
Salz, Pfeffer

GURKENRELISH
½ Gurke
5 g Salz
5 g Zucker
6 ml Limonen-Oliven-Öl
50 g eingelegte Senfkörner
5 g gekörnter Senf

• Für die Beize alle Zutaten miteinander mischen, auf die Forellenfilets geben und 6–8 Stunden ziehen lassen.

• Für die sauren Gurken die Gurke vierteln und das Kerngehäuse entfernen. Die Schalotte in sehr feine Streifen (Julienne) schneiden und mit den restlichen Zutaten mischen.

• Für das Relish die Gurken schälen, entkernen und in sehr kleine Würfel (Brunoise) schneiden. Salz und Zucker dazugeben und Wasser ziehen lassen. Anschließend die Gurkenwürfel gut ausdrücken und den geronnen Saft mit dem Öl abbinden. Senfkörner und gekörnten Senf dazugeben und abschmecken.

• Die Marinade auf die Gurken geben und mindestens 12 Stunden ziehen lassen.

Gebackene Zanderkroketten mit Spargel

S. 50 I FÜR 4 PERSONEN

400 g Zanderfilet
3 EL Sahne
100 g Gemüsewürfel (Fenchel, Staudensellerie, Lauch)
1 Schalotte, gewürfelt
etwas Limonenabrieb
Kerbel und Blattpetersilie zum Würzen
10 große Spinatblätter
500 g grüner Spargel
500 g weißer Spargel
Salz

Mehl, Ei und geriebene Weißbrotbrösel (150 g) zum Panieren

• 100 g Zanderfilet mit der Sahne zu einer Farce verarbeiten. Den restlichen Zander in feine Würfel schneiden.
Die Gemüse- mit den Schalottenwürfeln anschwitzen und die Zanderwürfel kurz dazugeben.
Mit dem Limonenabrieb, den Kräutern und Salz abschmecken, kalt stellen und dann mit der Zanderfarce vermengen. Die Spinatblätter blanchieren, auf einem Küchenpapier trocknen und zu einzelnen Rechtecken auffächern.
Die Zandermasse auf den Spinatblättern verteilen, die Blätter einrollen und zu Kroketten formen. Im Tiefkühlschrank anfrieren – dadurch lassen sich die Koketten besser panieren. Dann in Mehl, Ei und den Weißbrotbröseln wenden und in schwimmendem Fett goldgelb backen. Die Zanderfarce ebenfalls in heißem Fett ausbacken.
Den Spargel schälen, in Stücke schneiden und in einer Pfanne leicht anbraten.

• Die Kroketten mit der Zanderfarce auf den Tellern anrichten und mit einer Vinaigrette aus einem gekochten Ei, Kräutern und Tomaten nappieren.

Gebackenes Ei auf Spargel-Tomaten-Salat

S. 52 I FÜR 4 PERSONEN

PANADE
3 Scheiben Toastbrot
Koriander, gemahlen
Fenchelsaat, gemahlen
Salz, weißer Pfeffer

4 Hühnereier (Klasse M)
1 Ei, 2 Eigelb und 4 EL Mehl zum Panieren

SPARGEL-TOMATEN-SALAT
300 g weißer Spargel
300 g grüner Spargel
2 Frühlingszwiebeln
12 Kirschtomaten
weißer Balsamico zum Ablöschen
Salz, Zucker

MARINADE
35 ml weißer Balsamico
50 ml Traubenkernöl
20 ml Pinienkernöl
Salz, Pfeffer, Zucker

• Für die Panade das Toastbrot mit den Gewürzen in einem Mixer fein mahlen. Die Panade 1 Tag offen stehen lassen, damit die Masse austrocknen kann.

• Die Hühnereier ca. 5 Minuten kochen, dann abkühlen lassen und vorsichtig pellen.
Für die Paniermasse das Ei mit den 2 Eigelb verrühren. Die gekochten Hühnereier vorsichtig im Mehl wenden, in die Eimasse geben und anschließend in der Panade wenden, bis sie vollständig bedeckt sind. Dann nochmals in die Eimasse geben und in der Panade wenden. Die panierten Eier in schwimmendem Fett ca. 1 Minute goldbraun backen und auf einem Küchentuch kurz abtropfen lassen.

• Für den Spargel-Tomaten-Salat den Spargel schälen und in gleich große Stücke schneiden.
Die Frühlingszwiebeln in Streifen schneiden und mit dem Spargel in einer Sauteuse anbraten, bis der Spargel noch leicht Biss hat. Mit Salz und Zucker abschmecken, mit dem Balsamico ablöschen und vom Herd nehmen. Die Kirschtomaten vierteln und dazugeben.

• Für die Marinade Salz, Pfeffer und Zucker mit dem Balsamico verrühren. Die Öle mit dem Stabmixer nach und nach untermengen. Abschmecken und über den Spargel-Tomaten-Salat geben. Die gebackenen Eier auf dem warmen Salat anrichten.

Stubenküken mit Zucchini und Pfifferlingsravioli

S. 53 | FÜR 4 PERSONEN

4 Stubenküken
100 g Weißbrotbrösel zum Panieren
25 g Weißbrot, gewürfelt und kross geröstet
16 Scheiben Bauchspeck, dünn geschnitten
1 Salbeiblatt, in Streifen geschnitten
8 Scheiben Rohschinken
Blattpetersilie, gehackt
Salz, Pfeffer

NUDELTEIG
500 g Mehl
120 g Eigelb
2 Eier
2 EL Olivenöl
30 ml Wasser
Salz

FÜLLUNG
200 g Pfifferlinge, fein geschnitten
2 Schalotten, gewürfelt
1 Knoblauchzehe
50 g Kalbshackfleisch
Blattpetersilie, gehackt
25 g Weißbrot, gewürfelt, kross geröstet

1 Eigelb zum Bestreichen
2 EL Bratenfond
Parmesan, gerieben (nach Belieben)

ZUCCHINI
4 Zucchini (2 gelbe, 2 grüne)
½ Knoblauchzehe
1 Thymianzweig
1 Rosmarinzweig
Olivenöl zum Braten

• Die Stubenküken in Keule und Brust zerlegen, die Keulen am Gelenkknochen durchtrennen. Das Keulenfleisch mit Salz und Pfeffer würzen und in etwas Wasser 10 Minuten schmoren, dann abkühlen lassen. Mit den Weißbrotbröseln panieren und in schwimmendem Fett goldgelb ausbacken. Die Oberschenkelknochen von der Haut befreien und die Knochen auslösen. Die Haut kross braten, in Würfel schneiden, mit Blattpetersilie und den gerösteten Brotwürfeln vermengen. Zwei Speckscheiben nebeneinanderlegen, Keulenfleisch und Brotmasse darauf verteilen. Anschließend zu einem Röllchen formen, in ein Schweinenetz wickeln und bei 150 Grad 8 Minuten im vorgeheizten Backofen garen. Die Brüste mit den Salbeistreifen und dem Schinken belegen und kross braten.

• Für den Nudelteig alle Zutaten zu einem Teig verarbeiten und 30 Minuten ruhen lassen.

• Für die Raviolifüllung die Pfifferlinge, bis auf eine Handvoll, mit den Schalotten und dem angedrückten Knoblauch anschwitzen. Abkühlen lassen. Mit Hackfleisch, Blattpetersilie und den gerösteten Brotwürfeln vermengen.

• Danach den Nudelteig ausrollen, Kreise (6 cm Ø) ausstechen und mit Eigelb bestreichen. Die Füllung auf eine Kreishälfte geben, zu einem Halbmond zusammenklappen und die Ränder andrücken. Die Ravioli in leicht gesalzenem Wasser ca. 10 Minuten sieden lassen. Auf einem Küchentuch trocknen.
Die restlichen Pfifferlinge anschwitzen, 2 EL Bratenfond dazugeben und darin die Ravioli schwenken. Mit geriebenem Parmesan und Blattpetersilie abschmecken.

• Die Zucchini in 3 cm breite Scheiben schneiden, mit dem Knoblauch, Thymian und Rosmarin in Olivenöl kurz anbraten.

Gebratene Kartoffeltaschen mit Ibentäler Bergkäse gefüllt und Muskatkürbis

S. 55 I FÜR 4 PERSONEN

TEIG
400 g Kartoffeln, mehligkochend
40 g Grieß
40 g Butter, geschmolzen
150 g Mehl
5 g Salz
30 g Eigelb

FÜLLUNG
1 Zwiebel, gewürfelt
100 g Blattspinat
1 Apfel (am besten Boskop), gewürfelt
1 TL Crème fraîche
1 Pellkartoffel, gekocht und mit der Gabel zerdrückt
Blattpetersilie, Majoran
100 g Ibentäler Bergkäse, gerieben

1 Eigelb zum Bestreichen
Butter zum Braten

MUSKATKÜRBIS
600 g Muskatkürbis, ohne Schale
Butter zum Braten

FOND
⅛ l Geflügelbrühe
1 Scheibe Ingwer, fein geschnitten
1 Mokkalöffel Anissamen
1 TL Honig
½ Lorbeerblatt
1 kleines Stück Zimtstange
1 Prise Curry
⅛ l Apfelsaft
⅛ l Weißwein
etwas Weißweinessig

Kürbiskerne und Kürbiskernöl zum Verfeinern

• Für den Kartoffeltaschenteig die Kartoffeln kochen, bis sie weich sind. Kurz ausdampfen lassen und pellen. Die noch warmen Kartoffeln durch eine Presse drücken. Die restlichen Zutaten dazugeben und zu einem glatten Teig verarbeiten.

• Für die Füllung die Zwiebelwürfel anschwitzen, den Blattspinat dazugeben. Vom Herd nehmen und abkühlen lassen. Mit den restlichen Zutaten zu einer homogenen Masse vermischen.

• Den Kartoffelteig ausrollen und Kreise (ca. 7 cm Ø) ausstechen. Die Füllung auf eine Kreishälfte geben und den Teigrand mit Eigelb bestreichen. Zu Halbmonden zusammenklappen und die Ränder andrücken. In leicht gesalzenem Wasser ca. 10 Minuten sieden lassen. Auf einem Küchentuch trocknen und in Butter goldgelb braten.

• Für den Kürbisfond alle Zutaten in einen Topf geben, 15 Minuten leicht köcheln lassen, danach abpassieren.

• Den Kürbis in größere Stücke schneiden und in Butter leicht anbraten. Danach mit dem Fond langsam garen. Bei Bedarf Flüssigkeit dazugeben, so dass eine leicht gebundene Sauce entsteht.
Beim Anrichten mit gerösteten Kürbiskernen und Kürbiskernöl verfeinern.

Erdbeersüppchen

S. 56 | FÜR 4 PERSONEN

250 g frische Erdbeeren
100 g Läuterzucker
50 ml Sekt
etwas Zitronensaft
evtl. Szechuanpfeffer

- Für den Läuterzucker 50 g Zucker und 50 g Wasser aufkochen und abkühlen lassen.

- Für das Erdbeersüppchen die Erdbeeren und den Läuterzucker mit einem Stabmixer pürieren. Mit dem Sekt und Zitronensaft vermischen und je nach Süße der Erdbeeren Läuterzucker, Sekt oder Zitronensaft hinzufügen.

TIPP Wer möchte, kann etwas gemahlenen Szechuanpfeffer hinzugeben und dadurch das Aroma des Erdbeersüppchens verstärken.

Pannacotta mit Rhabarbergelee

S. 58 | FÜR 4 PERSONEN

PANNACOTTA
300 g Sahne
40 g Zucker
1–2 Blatt Gelatine

RHABARBERGELEE
180 g Rhabarbersaft, gesüßt
3 Blatt Gelatine
50 g Himbeeren
½ Vanilleschote, Mark

- Für die Pannacotta die Sahne in einen Topf geben und mit dem Zucker aufkochen. Die Gelatine in kaltem Wasser einweichen, ausdrücken und in der heißen Sahne-Zucker-Mischung auflösen. Die Creme in Portionsförmchen füllen und über Nacht kalt stellen.

- Für das Rhabarbergelee den Rhabarbersaft erwärmen. Die Gelatine in kaltem Wasser einweichen, ausdrücken und in dem warmen Saft auflösen. Die Himbeeren zu Püree verkochen und durch ein Sieb streichen. Das Vanillemark und Himbeerpüree dem Gelee beifügen und verrühren.
Das Rhabarbergelee auf die kalte Pannacotta geben und servieren.

Mandelmousse

S. 61 | FÜR 4 PERSONEN

120 g Sahne
½ Vanilleschote
30 g Eigelb
47 g Zucker
15 g Mandeln, gemahlen
1½ Blatt Gelatine
60 g Eiweiß

• Die Sahne mit der Vanilleschote in einen Topf geben und aufkochen. Das Eigelb und 35 g Zucker mit einem Schneebesen cremig rühren. Die heiße Vanillesahne zu der Eigelb-Zucker-Masse geben und die Mandeln hinzufügen. Die Creme über einem heißen Wasserbad unter Rühren auf ca. 80 Grad erhitzen. Die Gelatine in kaltem Wasser einweichen, ausdrücken und in die Creme geben. Eiweiß und den restlichen Zucker steif schlagen. Die Creme mit dem Schneebesen kaltrühren und den Eischnee vorsichtig unterheben.

Joghurt-Crème-brûlée

S. 62 | FÜR 4 PERSONEN

110 g Joghurt
65 g Milch
160 g Sahne
75 g Eigelb
60 g Zucker
½ Vanillestange
½ unbehandelte Zitrone, Abrieb
2 EL Rohrzucker

• Alle Zutaten in einer Küchenmaschine mixen und 3–4 Stunden ruhen lassen. Danach im Wasserbad bei trockener Hitze ca. 1½ Stunden pochieren. Die Oberfläche mit dem Rohrzucker bestreuen und mithilfe eines Bunsenbrenners karamellisieren.

Kirschplotzer mit Kirschragout

S. 63 | FÜR 4 PERSONEN

KIRSCHPLOTZER
200 g Brioche
250 g Kirschen, entsteint
250 g Sahne
3 Eier
1 Eigelb
60 g Zucker
10 g Vanillezucker

KIRSCHRAGOUT
50 g Zucker
200 ml Rotwein
150 ml schwarzer Johannisbeersaft
1 Sternanis
½ Zimtstange
5 g Mondamin
300 g Kirschen, entsteint und halbiert

Butter und Kristallzucker für die Förmchen
Puderzucker zum Bestäuben

• 4 runde Porzellanförmchen (ca. 6 cm Ø, 4 cm Höhe) ausbuttern und mit dem Kristallzucker zu einem Viertel füllen. Die Förmchen drehen, bis Boden und Rand mit Zucker bedeckt sind. Den restlichen Zucker wieder ausschütten.

• Für den Kirschplotzer die Brioche in ca. 1x1 cm große Würfel schneiden und mit den Kirschen vermischen. Die Mischung in die Förmchen geben und etwas über den Rand füllen.
Die flüssige Sahne mit den Eiern, dem Eigelb, Zucker und Vanillezucker verrühren. Bis zum Rand in die Förmchen hineingießen und bei 170 Grad im Ofen ca. 18–20 Minuten backen. Danach ca. 15 Minuten auskühlen lassen. Die Kirschplotzer mit einem Messer vom Förmchenrand lösen und auf Teller stürzen.

• Für das Kirschragout den Zucker in einen kleinen Topf geben und bei mittlerer Hitze langsam karamelisieren. Mit dem Rotwein und schwarzen Johannisbeersaft ablöschen. Den Sternanis und die Zimtstange in den Topf geben und die Flüssigkeit auf ein Drittel einkochen. Dann mit etwas in Wasser angerührtem Mondamin abbinden und nochmals 2–3 Minuten leicht köcheln lassen, bis eine sirupartige Konsistenz entsteht. Die Kirschen dazugeben. Ein Mal aufkochen, vom Herd nehmen und abkühlen lassen.

• Die warmen Kirschplotzer mit Puderzucker bestäuben und mit dem Kirschragout anrichten.

Grießflammeri mit Holundersüppchen

S. 64 | FÜR 4 PERSONEN

GRIESSFLAMMERI
50 g Zucker
250 g Milch
½ Vanilleschote
½ Zimtstange
50 g Grieß
3 Blatt Gelatine
Grand Manier nach Belieben
30 ml Orangensaft
½ Orange, Abrieb
250 g Sahne, geschlagen

HOLUNDERSÜPPCHEN
100 g Holundersirup
100 ml Sekt
50 g kohlensäurehaltiges Mineralwasser
3 Blatt Gelatine

• Für den Griesflammeri den Zucker mit der Milch, der aufgeschnittenen Vanilleschote und der Zimtstange aufkochen. Den Grieß einrieseln, unter Rühren nochmals aufkochen lassen und vom Herd nehmen. Die Gelatine in kaltem Wasser einweichen, ausdrücken und zur Grießmasse geben. Die Masse abkühlen lassen und etwas Grand Manier, den Orangensaft und -abrieb dazugeben. Alles verrühren und abwarten, bis die Grießmasse Zimmertemperatur erreicht hat. Dann die geschlagene Sahne nach und nach mit einem Schneebesen vorsichtig unterheben. Sofort in Förmchen füllen und kalt stellen.

• Für das Holundersüppchen den Holundersirup mit dem Sekt und Mineralwasser vermischen. Die Gelatine in kaltem Wasser einweichen, ausdrücken. Etwas Flüssigkeit abnehmen und in einen Topf geben, die Gelatine hinzufügen. Erwärmen, bis sich die Gelatine aufgelöst hat. Dann wieder der Sirup-Sekt-Mischung zufügen und verrühren. Das Süppchen über Nacht kalt stellen und vor dem Servieren mit einem Schneebesen kräftig durchrühren.

Rote Grütze mit Vanilleeis

S. 67 | FÜR 4 PERSONEN

ROTE GRÜTZE
100 g Zucker
200 g Rotwein
50 g dunkler Portwein
1 Zimtstange
10 g Mondamin
1 Vanilleschote
125 g Himbeeren
125 g Stachelbeeren
125 g Heidelbeeren
125 g Johannisbeeren
125 g Erdbeeren
125 g Brombeeren

VANILLEEIS
250 g Milch
250 g Sahne
1 Vanilleschote
6 Eigelb
75 g Zucker

Puderzucker zum Bestäuben

• Für die rote Grütze den Zucker in einen kleinen Topf geben und bei mittlerer Hitze goldgelb karamellisieren. Mit dem Rotwein und Portwein ablöschen, die Zimtstange und die aufgeschnittene Vanilleschote dazugeben und ca. 1 Minute leicht köcheln lassen. Mit dem bereits in Wasser angerührten Mondamin abbinden. Nochmals 1–2 Minuten leicht köcheln lassen. Die Beeren, bis auf eine kleine Handvoll, in die Flüssigkeit geben, ein Mal aufkochen, vom Herd nehmen und langsam abkühlen lassen.

• Für das Vanilleeis Milch und Sahne mit der aufgeschnittenen Vanilleschote aufkochen. Eigelb und Zucker mit einem Schneebesen cremig, nicht schaumig, rühren. Die heiße Vanillemilch nach und nach zu der Eigelb-Zucker-Masse geben. Die Creme über einem heißen Wasserbad unter stetem Rühren mit einem Kochlöffel „zur Rose" abkochen, das bedeutet: so lange bei geringer Hitze ziehen lassen, bis sie dicklich wird und die Holzkelle überzieht. Die Creme im Kühlschrank abkühlen lassen und in der Eismaschine frieren.

• Vor dem Servieren die rote Grütze lauwarm in tiefe Teller geben, die restlichen frischen Beeren mit etwas Puderzucker bestäuben und auf die Grütze legen. Das Vanilleeis in die Mitte geben.

Klaus Ditz

GOURMETKOCH IM SIMONSWÄLDERTAL Der *Gault Millau* hat ihn immer noch nicht entdeckt, einen „Bib Gourmand" von *Michelin* hat er seit Jahren, im *Feinschmecker* war er schon „Koch des Monats", für viele Stammgäste ist Klaus Ditz mit seinem Hugenhof die Gourmetadresse schlechthin im Zweitälerland nördlich von Freiburg. Gut versteckt auf einem schönen Hofgut im Simonswäldertal haben Klaus Ditz und seine Frau Petra Ringwald seit zwölf Jahren ein Kleinod der Hochküche geschaffen, die eigentlich immer ausgebucht ist. Reservieren ist hier Pflicht. Der Patron zelebriert eine farbenfrohe, sehr schmackhafte und vor allem innovative Hochküche, die dennoch frei von modischen Verirrungen und zeitgeistigem Schnickschnack ist. Ditz kocht das, was er selbst gerne essen würde, und konzentriert sich ganz auf seine Menükompositionen. Im Hugenhof gibt es ein wöchentlich wechselndes viergängiges Menü zu einem sehr zivilen Preis. Der Patron akzeptiert auch kleine Änderungswünsche, aber das Gros seiner Gäste gibt sich nur zu gerne in die Obhut des Meisters, da sie wissen, welche Köstlichkeiten sie erwarten. Ditz kauft sämtliche seiner besten Grundprodukte von regionalen Erzeugern und stellt alles, was auf den Tisch kommt, selbst her. Ein typisches „Ditz-Menü" kann wie folgt zusammengestellt sein: Goldforellen-Balsamico-Carpaccio in Melonenvinaigrette und Salatbouquet, Wolfsbarschfilet auf Spinat-Fenchel-Ravioli in Currysauce und Pfifferlinge, Rinderrücken in Olivenkruste auf Bärlauchrisotto mit Zucchini und Gnocchi, Kirschen-Joghurt-Mousse im Baumkuchenmantel mit marinierten Aprikosen und Schokoladeneis. Der Hugenhof mit seinen hohen Räumen und wenigen Tischen ist ein idealer Ort, um zu „entschleunigen", die ausgezeichnet sortierte und sehr umfangreiche Weinkarte mit zahlreichen badischen, deutschen und internationalen Spezialitäten animiert zusätzlich, sich für ein Mahl im Hugenhof ausgiebig Zeit zu nehmen. Die Reise in dieses herrliche Schwarzwalddorf dauert von Freiburg auch nur 25 Minuten und die feine, mit vielen österreichischen Einflüssen gespickte Küche des Tirolers Ditz, der bei Schweizer Sterneköchen sein Handwerk gelernt hat, erfüllt fast spielerisch auch höchste Gourmetansprüche.

Klaus Ditz

„Anfangs wollte ich den Gästen mit meinen wild gemusterten Hosen ein Signal geben im Sinne von: Wenn selbst der Koch mit so 'ner Hose rumläuft, kann es hier so furchtbar steif nicht zugehen."

Mosaik vom Pulpo mit Caponata und Parmesanhippe

SEITE 152

Rindercarpaccio mit Belper Knolle und Grissini

SEITE 153

Gänseleber-Praline auf rosa Champagnergelee

SEITE 154

Rauchforellen-Tatar mit Rettich auf Crostini
SEITE 155

Tomaten-Rosmarin-/Sesam- und Kürbiskernbrot
SEITE 155/156

Petra Ringwald

Hausgeräucherter Lammschinken mit mariniertem Gemüse und Lammfrikadelle

SEITE 157

Kaninchenfilet im Schinkenmantel auf Artischockenravioli in weißer Tomatensauce

SEITE 158/159

Seezungenfilet auf schwarzen Tintenfisch-Tagliarini in Hummersauce

SEITE 159

Hirschkalbfilet in Wildrahmsauce mit Quarkspätzle und marinierten Sauerkirschen

SEITE 160

Seeteufelmedaillon im Schinkenmantel auf jungem Spinat mit Hummersauce und Spinatgnocchetti

SEITE 161

„Golfen bedeutet für mich – mental und physisch – einfach mal rauszukommen. Für eine Neun-Loch-Anlage wie hier in Gutach braucht man cirka zwei Stunden (ohne Bälle suchen!) und läuft dabei gut vier Kilometer, das heißt, man ist zwei Stunden und vier Kilometer lang in einer völlig anderen Welt – und das ist das Geniale daran."

Kürbis-Curry-Risotto mit Wachtel-Zitronengras-Spieß

SEITE 162

Rinderrücken in Basilikumkruste auf Peperonata und Rosmarinkartoffeln
SEITE 163

Perlhuhnbrust mit Sommertrüffel auf Rahmkohlrabi und Kartoffelcrêpes

SEITE 164

Kalbsfilet auf Morchelragout mit Spargelstrudel und gebratenem Spargel

SEITE 165

Gebratene Riesencrevette auf Bärlauchrisotto
SEITE 166

Bärlauchpesto
SEITE 166

Lammkoteletts in Olivenkruste auf Paprikapolenta

SEITE 167

Mohnschmarrn mit Kokoseis und marinierten Erdbeeren

SEITE 168

Quarksoufflé mit marinierten Erdbeeren und Felchlin-Schokoladeneis
SEITE 169

Rhabarber-Mandel-Schlupfer mit Rhabarberkompott und Rhabarberrahmeis

SEITE 170

Crema fritta auf Beerenragout
SEITE 171

Gefüllte Hippenblätter mit Quarkmousse und Himbeeren
SEITE 172

Bananen-Mandel-Schlupfer
SEITE 172

Marinierte Sauerkirschen und Melonen-Chutney
SEITE 173

Aprikosenkompott
SEITE 173

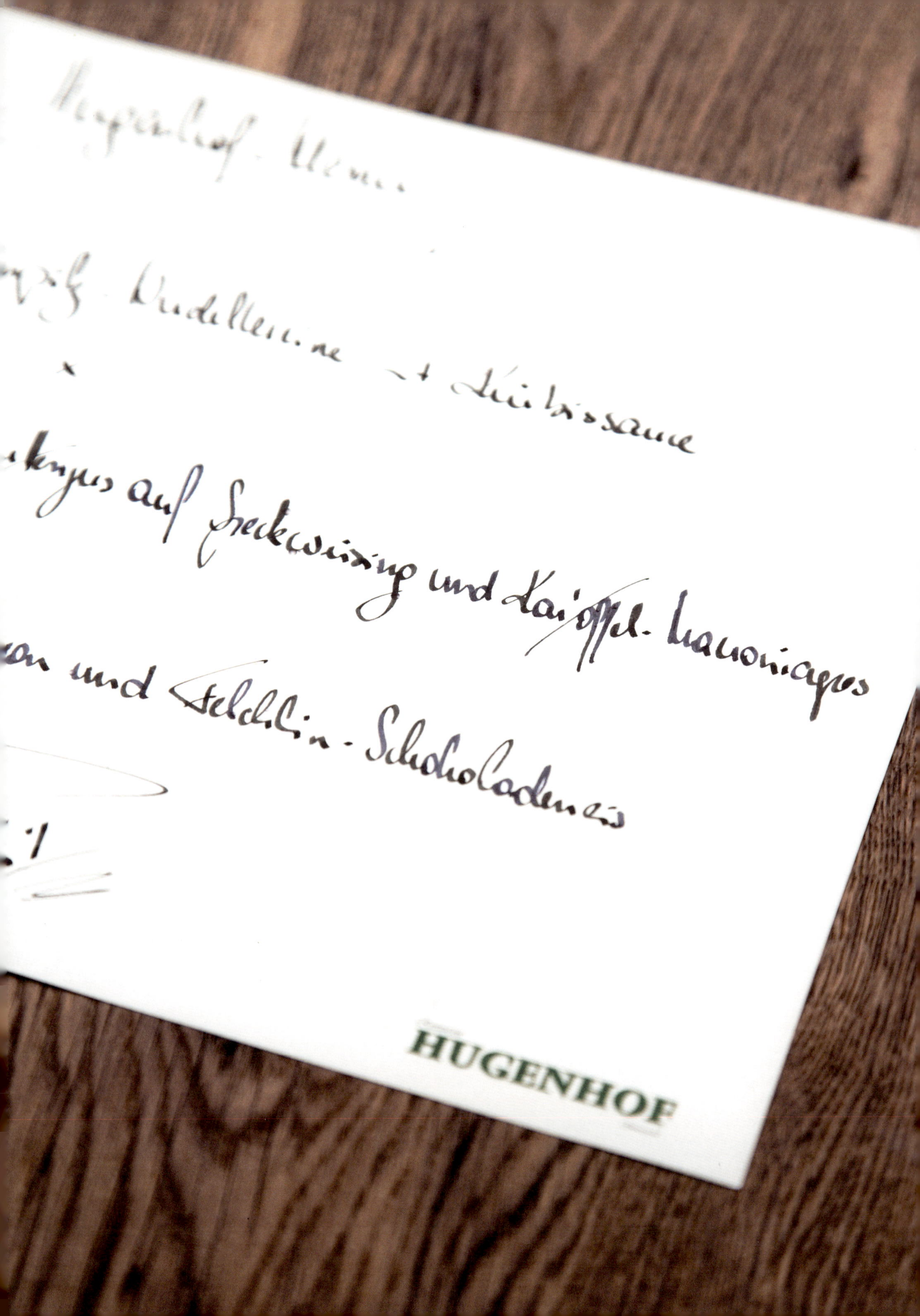
HUGENHOF

Rezepte

Mosaik vom Pulpo mit Caponata und Parmesanhippe

S. 97 | FÜR 6 PERSONEN

1 Pulpo, mittlere Größe
Lorbeerblätter
5 l Fischfond

FISCHFOND
6 l Wasser
1–2 l Weißweinessig
2 Karotten
2 Stangensellerie
1 Zwiebel
10 Lorbeerblätter
1 Handvoll grobes Salz

CAPONATA
1 kleine Aubergine, gewürfelt
1 TL Salz
6 EL Olivenöl
1 rote Paprika, geschält, entkernt und gewürfelt
1 kleine Zwiebel, fein gehackt
65 ml Rotweinessig
30 g Zucker
4 Tomaten, geschält, entkernt und gewürfelt
60 g schwarze Oliven, entsteint und fein gewürfelt
25 g Kapern, fein gehackt
3 Stauden Stangensellerie, gewürfelt und blanchiert
Salz, Pfeffer aus der Mühle

PARMESANHIPPE
12 g Mehl, gesiebt
12 g Stärke
60 g ungesüßte Sahne, halb geschlagen
Salz, Cayennepfeffer
Parmesan, gerieben

• Für den Fischfond das Wasser mit dem Weißweinessig, Gemüse, Salz und den Lorbeerblättern etwa 1 Stunde auf 5 l einkochen.

• Den Pulpo säubern, in der Mitte der Länge nach durchschneiden, wieder zusammensetzen, mit den Lorbeerblättern „spicken" und wie eine Art Rollbraten mit Küchengarn binden. Den fertig gebundenen Pulpo in den Kochsud geben, ca. 2 Stunden kochen und im Fond auskühlen lassen. Herausnehmen und in Klarsichtfolie so fest einwickeln, dass eine zylindrische Form entsteht. Über Nacht in den Kühlschrank legen.

• Für die Caponata die Auberginenwürfel salzen, 30 Minuten ziehen lassen, unter kaltem Wasser abspülen und gut ausdrücken. In einer Pfanne mit 2 EL Olivenöl anbraten und danach kalt stellen. Die Paprikawürfel ebenfalls mit 2 EL Olivenöl anbraten, mit Salz und Pfeffer würzen und kalt stellen. Mit den letzten 2 EL Olivenöl die fein gehackte Zwiebel in einer Pfanne anschwitzen. Mit dem Rotweinessig ablöschen, den Zucker beifügen und sirupartig einkochen. Die Tomatenwürfel beifügen und kurz köcheln lassen. Die Tomatenreduktion in eine Schüssel geben und die restlichen Zutaten (Auberginen- und Paprikawürfel, Oliven, Kapern und die blanchierte Stangensellerie) beifügen. Alles gut vermengen, mit Salz und Pfeffer nachwürzen und kurz ziehen lassen.

• Für die Parmesanhippe das Mehl mit der Stärke unter die halb geschlagene Sahne heben, mit Salz und Cayennepfeffer würzen und sichelförmig auf eine teflonbeschichtete Backmatte streichen. Mit Parmesan bestreuen und bei 165 Grad im vorgeheizten Ofen goldbraun backen.

Rindercarpaccio mit Belper Knolle und Grissini

S. 99 | FÜR 6 PERSONEN

RINDERCARPACCIO
360 g Rinderfilet (pro Person ca. 60 g)
2 EL Olivenöl
Salz, Pfeffer

MARINADE
4 EL Olivenöl
2 EL weißer Aceto Balsamico
Salz, Pfeffer aus der Mühle

1 Belper Knolle
evtl. angemachte Salatblätter

GRISSINI
100 ml Milch
50 ml Wasser
2 g Honig
3 g Salz
3 g Natron
25 ml Olivenöl
25 g Butter, geschmolzen
250 g Mehl (Type 550)

• Für die Marinade das Olivenöl und den Aceto Balsamico mischen und mit Salz und Pfeffer abschmecken.

• Für das Carpaccio das Rinderfilet mit einem scharfen Messer in dünne Scheiben schneiden. Ein Stück Frischhaltefolie dünn mit Olivenöl bestreichen und die Fleischscheiben nebeneinander darauflegen. Mit einer zweiten dünn geölten Folie bedecken und leicht flach klopfen. Die obere Folie entfernen. Sechs flache Teller mir der Marinade bestreichen. Die Teller über die flach geklopften Fleischscheiben decken und mithilfe eines Tortenschiebers wenden. Die zweite Folie abziehen. Das Carpaccio mit der restlichen Marinade bestreichen, mit Salz und Pfeffer würzen und die Belper Knolle darüberhobeln. Eventuell mit angemachten Salatblättern garnieren.

• Für die Grissini Milch, Wasser, Honig, Salz und Natron verrühren. Das Olivenöl und die geschmolzene Butter beifügen und mit dem Mehl zu einem Teig verarbeiten. Den Teig in eine Schüssel geben, mit Klarsichtfolie abdecken und ca. 30 Minuten ruhen lassen. Anschließend 8 g schwere Teigkugeln bilden, diese zu langen Stangen formen und im vorgeheizten Ofen bei 190 Grad ca. 8–10 Minuten backen.

Gänseleber-Praline auf rosa Champagnergelee

S. 100 | FÜR 6 PERSONEN

GÄNSELEBER-PRALINE
1 Gänsestopfleber, sauber pariert (ca. 600 g)
15 ml Armagnac
50 ml Sauternes
50 ml weißer Portwein
20 ml trockener Sherry
Salz, weißer Pfeffer aus der Mühle

PUMPERNICKEL-MISCHUNG
100 g Pumpernickel
20 g Korinthen
20 g Pistazien

ROSA CHAMPAGNERGELEE
2 Blatt Gelatine
200 ml rosa Champagner
Salz

• Für die Gänseleber-Praline die sorgfältig parierte Leber mit Salz und Pfeffer würzen, in eine Schüssel legen und mit dem Alkohol marinieren. Die Schüssel luftdicht verschließen und für 24 Stunden kühl gestellt ziehen lassen. Eine 0,8-l-Terrinenform mit Klarsichtfolie auslegen, die marinierte Gänseleber in die Form geben und leicht andrücken. Die Terrine im Wasserbad bei 90 Grad Ofentemperatur ca. 30–40 Minuten garen. Die Gänseleber ein weiteres Mal mindestens 24 Stunden ruhen lassen, dann aus der Form nehmen und 8 g schwere Kugeln formen.

• Für die Pumpernickel-Mischung sämtliche Zutaten in der Küchenmaschine zerkleinern und die Gänseleberkugeln darin wälzen, bis sie vollständig bedeckt sind.

• Für das Champagnergelee die Gelatine 5 Minuten in kaltem Wasser aufweichen. Von dem Champagner ca. 40 ml erwärmen, salzen und die gut ausgedrückte Gelatine darin auflösen. Die aufgelöste Gelatine in eine Schüssel geben und mit dem restlichen Champagner kurz verrühren – nicht zu stark, denn sonst verliert sich die Perlung des Champagners! Die Flüssigkeit flach auf einen Teller gießen und im Kühlschrank fest werden lassen. Danach durch eine Kartoffelpresse drücken und mit der Gänseleber-Praline anrichten.

Rauchforellen-Tatar mit Rettich auf Crostini

S. 102 | FÜR 20 CROSTINI

CROSTINI
1 Baguette
50 ml Olivenöl

RAUCHFORELLEN-TATAR MIT RETTICH
2 Forellenfilets, geräuchert
1 Eigelb
10 g Senf
100 ml Sahne
1 EL Crème fraîche
50 g roter Rettich, in feine Streifen geschnitten
Salz, Pfeffer aus der Mühle

• Für die Crostini das Baguette schräg in 20 Scheiben schneiden. Die Brotscheiben nebeneinander auf einem Backblech verteilen und mit Olivenöl beträufeln. Dann auf der mittleren Schiene im vorgeheizten Backofen bei 200 Grad 6–8 Minuten goldbraun rösten.

• Für das Tatar die geräucherten Forellenfilets ohne Haut in kleine Würfel schneiden. Das Eigelb mit dem Senf, Salz und Pfeffer gut verrühren. Dann langsam die Sahne einrühren. Die Forellenfiletwürfel in die Creme geben, mit der Crème fraîche verfeinern, eventuell nachwürzen und auf die vorbereiteten Crostini streichen. Zum Schluss mit den Rettichstreifen garnieren.

Tomaten-Rosmarin-Brot

S. 103 | FÜR 4 BROTE

20 g frische Hefe
12 g Salz
10 g Honig
40 g Tomaten-Rosmarin-Paste
20 ml Olivenöl
360 ml Wasser
600 g Mehl (Type 550)
1 Eiweiß
10 g Parmesan, gerieben

TOMATEN-ROSMARIN-PASTE
100 g getrocknete Tomaten, grob gehackt
2 Rosmarinzweige, fein gehackt
50–80 ml Olivenöl
etwas Meersalz

• Für die Tomaten-Rosmarin-Paste die Zutaten in einer Küchenmaschine zu einer groben Paste mixen.

• Für das Brot die Hefe, Salz, Honig und die Tomaten-Rosmarin-Paste mit dem Olivenöl im Wasser unter Rühren auflösen. Langsam das Mehl dazugeben, bis sich ein leicht fester Teig bildet.
Den Teig in vier gleich große Stücke teilen, zu Kugeln formen und abgedeckt ca. 45 Minuten ruhen lassen. Danach die Kugeln flach drücken, einschlagen und zu Stangen formen. Abermals 20 Minuten abgedeckt ruhen lassen.
Die Stangen mit Eiweiß bestreichen, mit einem Messer einschneiden und mit Parmesan bestreuen.
Im vorgeheizten Ofen bei 200 Grad 18–20 Minuten backen.

Sesambrot

S. 103 | FÜR 4 BROTE

350 g Mehl (Type 550)
250 g Dinkelmehl (Type 630)
30 g Sesam
30 g Leinsamen
20 g frische Hefe
12 g Salz
10 g Honig
360 ml Wasser
1 Eiweiß

• Die beiden Mehlsorten in einer Schüssel mischen, 25 g Sesam und 25 g Leinsamen beigeben.
In einer anderen Schüssel Hefe, Salz und Honig im Wasser unter Rühren auflösen. Langsam die Mehl-Körner-Mischung dazugeben, bis sich ein leicht fester Teig bildet.
Den Teig in vier gleich große Stücke teilen, zu Kugeln formen und abgedeckt ca. 45 Minuten ruhen lassen.
Danach die Kugeln flach drücken, einschlagen und zu Stangen formen. Abermals 20 Minuten abgedeckt ruhen lassen.
Die Stangen mit Eiweiß bestreichen, mit einem Messer einschneiden und mit den restlichen Sesam- und Leinsamenkörnern bestreuen.
Im vorgeheizten Ofen bei 200 Grad 18–20 Minuten backen.

Kürbiskernbrot

S. 103 | FÜR 4 BROTE

350 g Mehl (Type 550)
250 g Dinkelmehl (Type 630)
50 g ganze Kürbiskerne
20 g frische Hefe
12 g Salz
10 g Honig
20 g Kürbiskernöl
360 ml Wasser
1 Eiweiß
Kürbiskerne, grob gehackt (zum Bestreuen)

• Die beiden Mehlsorten in einer Schüssel mischen und 50 g Kürbiskerne beigeben.
In einer anderen Schüssel Hefe, Salz und Honig im Wasser unter Rühren auflösen. Langsam die Mehl-Körner-Mischung dazugeben, bis sich ein leicht fester Teig bildet.
Den Teig in vier gleich große Stücke teilen, zu Kugeln formen und abgedeckt ca. 45 Minuten ruhen lassen.
Danach die Kugeln flach drücken, einschlagen und zu Stangen formen. Abermals 20 Minuten abgedeckt ruhen lassen.
Die Stangen mit Eiweiß bestreichen und mit den grob gehackten Kürbiskernen bestreuen.
Im vorgeheizten Ofen bei 200 Grad 18–20 Minuten backen.

Hausgeräucherter Lammschinken mit mariniertem Gemüse und Lammfrikadelle

S. 107 | FÜR 6 PERSONEN

LAMMSCHINKEN
1 Lammoberschale (ca. 400 g)
1 l Wasser
80 g Pökelsalz
1 Lorbeerblatt
1 Rosmarinzweig
2 Thymianzweige
4 Wacholderbeeren, zerdrückt
8 schwarze Pfefferkörner, zerdrückt
20 ml Grappa
10 g Kristallzucker

OFENPAPRIKA
2 rote Paprika
etwas Olivenöl
Salz, Pfeffer aus der Mühle

MARINIERTES GEMÜSE
1 Zucchini
1 Aubergine
2 Knoblauchzehen
2 Rosmarinzweige
4 Thymianzweige
300 ml Olivenöl
Salz, Pfeffer aus der Mühle

LAMMFRIKADELLE
1 Schalotte
1 Knoblauchzehe
40 ml Olivenöl
2 Thymianzweige, fein gehackt
½ Rosmarinzweig, fein gehackt
½ TL Blattpetersilie, gehackt
300 g Lammhack, vorzugsweise aus der Keule
1 Ei
½ TL Senf, mittelscharf
2 g Paprikapulver
1 Prise Koriander, gemahlen
Salz, Pfeffer aus der Mühle

• Für den Lammschinken das Wasser, Pökelsalz und die Gewürze in eine Schüssel geben, mit dem Grappa parfümieren und die Lammoberschale darin 4 Tage marinieren. Danach die Lammoberschale aus der Lake nehmen, abwaschen, trocken tupfen und in dem Kristallzucker wälzen. Weitere 2 Tage im Kühlschrank ziehen lassen. Dann die Lammoberschale im vorgewärmten Räucherofen bei 145 Grad ca. 40 Minuten räuchern.

• Für die Ofenpaprika die beiden Paprika vierteln und entkernen. Ein Backblech mit dem Olivenöl bestreichen, mit Salz und Pfeffer bestreuen und die Paprikaviertel darauf verteilen. Ca. 20–24 Minuten im vorgeheizten Ofen bei 220 Grad backen. Die Paprika sollten sich leicht schwarz färben, dadurch lassen sie sich einfacher schälen. Nach dem Schälen die Paprika auskühlen lassen und in daumennagelgroße Quadrate schneiden.

• Für das marinierte Gemüse die Zucchini und die Aubergine in 3 mm breite Scheiben schneiden und auf einem Teller in etwas Olivenöl wenden. Anschließend in einer Grillpfanne auf beiden Seiten kräftig grillen. In eine flache Kuchenform geben und mit Salz und Pfeffer würzen. Den Knoblauch schälen, blättrig schneiden (den Keim entfernen), mit dem restlichen Olivenöl und den Rosmarin- und Thymianzweigen auf 40 Grad erwärmen und über das gegrillte Gemüse mit den Ofenpaprika geben. Mindestens einen halben Tag im Kühlschrank marinieren lassen.

• Für die Lammfrikadellen die Schalotte und den Knoblauch schälen, feinschneiden und in einer Pfanne mit dem Olivenöl anschwitzen. Thymian und Rosmarin dazugeben, die Pfanne vom Herd nehmen und auf 50 Grad abkühlen lassen. Dann die Petersilie untermischen. Das Lammhack mit dem Ei und Senf in einer Schüssel vermengen, mit Salz, Pfeffer, Paprikapulver und Koriander würzen. Alles gut durchmischen. Den Inhalt der Pfanne in die Schüssel mit der Lammhack-Mischung geben und nochmals gut umrühren.

TIPP Um die Frikadellenmasse abzuschmecken, am besten eine kleine Frikadelle braten und nach Belieben nachwürzen.

Kaninchenfilet im Schinkenmantel auf Artischockenravioli in weißer Tomatensauce

S. 109 | FÜR 6 PERSONEN

KANINCHENFILET IM SCHINKENMANTEL
6 Kaninchenfilets (à 120 g)
12 Scheiben Chili-Schinken
Salz, Pfeffer aus der Mühle
etwas Mehl zum Mehlieren
Butterschmalz zum Braten

NUDELTEIG
140 g Mehl (Type 405)
105 g Eigelb
1 Prise Salz
1 TL Wasser
1 TL Olivenöl

FÜLLUNG
4 frische Artischocken à 180 g
1 Schalotte, geschält und fein gewürfelt
1 Knoblauchzehe, geschält und fein gewürfelt
20 g Olivenöl
25 g getrocknete Tomaten, fein gewürfelt
200 g Ricotta
1 Eigelb
25 g Weißbrotbrösel
25 g Parmesan, gerieben
1 Eiweiß
Salz, Pfeffer, Muskat
evtl. Cayennepfeffer und gehackte Petersilie

WEISSE TOMATENSAUCE
2 Schalotten
½ Stange Lauch
1 mittelgroße Karotte
1 Stange Staudensellerie
4 Strauchtomaten
3 Knoblauchzehen
1 Gewürznelke
½ Lorbeerblatt
2 Thymianzweige
1 Rosmarinzweig
10 Basilikumblätter mit Stiel
3 Pfefferkörner, im Mörser zerdrückt
100 ml Weißwein
1½ l Wasser
600 ml Sahne
Salz, Pfeffer aus der Mühle
Balsamico

• Die Kaninchenfilets mit Salz und Pfeffer würzen. Für jedes Kaninchenfilet zwei Scheiben Chili-Schinken auf die Arbeitsfläche legen, das Filet darin einwickeln und mehlieren. In einer Pfanne das Butterschmalz erhitzen und die Schinkenpäckchen auf beiden Seiten kurz anbraten, dann im vorgeheizten Backofen bei 145 Grad ca. 6–8 Minuten fertig garen. Vor dem Aufschneiden mindestens 5 Minuten ruhen lassen.

• Für den Nudelteig die Zutaten rasch zu einem glatten Teig verarbeiten. Den Teig zu einer Kugel formen, in Klarsichtfolie wickeln und mindestens 30 Minuten ruhen lassen.

• Für die Raviolifüllung die Artischocken putzen, halbieren, das Heu entfernen und feinblättrig schneiden. Die Schalotten- und Knoblauchwürfel in Olivenöl anschwitzen, die geschnittenen Artischocken beifügen und mit Salz, Pfeffer und Muskat würzen. Sobald die Artischocken leicht gegart sind, die getrockneten Tomatenwürfel dazugeben. Alles kurz durchmischen und abkühlen lassen. Die ausgekühlte Artischocken-Tomaten-Mischung in der Küchenmaschine pürieren. Ricotta, Eigelb, Weißbrotbrösel und Parmesan zu einer homogenen Masse verrühren. Die Artischocken-Tomaten-Mischung hinzugeben und nochmals abschmecken.

• Den Nudelteig dünn ausrollen und in zwei gleich große Platten teilen. Auf einer der beiden Teigplatten die Artischockenfüllung gleichmäßig verteilen und die Teigränder mit Eiweiß bestreichen. Die zweite Teigplatte darüberlegen und 6 cm große Ravioli ausstechen. Die Artischockenravioli in kochendem Salzwasser garen.

• Für die weiße Tomatensauce die Schalotten schälen und in feine Streifen schneiden, den Lauch, die Karotte und Staudensellerie ebenfalls in feine Streifen schneiden. Die Tomaten vierteln, die Knoblauchzehen mit der Schale halbieren. Das Gemüse zusammen mit den Kräutern und Gewürzen, dem Weißwein und Wasser in einen Topf geben, kurz aufkochen und so lange köcheln lassen, bis das Gemüse weich ist. Dann vorsichtig durch ein feines Sieb passieren.
1 l Fond auf 150 ml einkochen, die Sahne hinzugeben und ca. 20 Minuten köcheln lassen. Mit Salz, Pfeffer und Balsamico abschmecken.

TIPP Als Einlage können Tomatenwürfel von geschälten, entkernten und blanchierten Tomaten zugegeben werden. Der restliche Fond kann für eine Vinaigrette oder ein Tomatenrisotto verwendet werden.

Seezungenfilet auf schwarzen Tintenfisch-Tagliarini in Hummersauce

S. 110 | FÜR 6 PERSONEN

SEEZUNGENFILET
12 Seezungenfilets (à 50 g)
Salz, Pfeffer aus der Mühle
Mehl zum Mehlieren
Butterschmalz zum Braten

TINTENFISCH-TAGLIARINI
150 g Mehl (Type 405)
100 g Eigelb
8 g Tintenfischtinte
5 g Olivenöl

HUMMERSAUCE
30 g Butterschmalz
Schalen von 2 Hummern
2 Schalotten
1 kleine Karotte
½ Staude Stangensellerie
50 g Butter
30 ml Armagnac
100 ml Sauternes
200 ml weißer Portwein
300 ml Weißwein
1 Dose Tomaten, geschält (800 g)
½ Lorbeerblatt
8 Safranfäden
3 Pimentkörner
2 Kardamomkapseln
1 Sternanis
10 Pfefferkörner, im Mörser zerdrückt
1 l Sahne
200 g Doppelrahm
Salz, Pfeffer aus der Mühle

• Die Seezungenfilets mit Salz und Pfeffer auf beiden Seiten würzen, mehlieren und in einer Pfanne mit Butterschmalz auf beiden Seiten ca. 2 Minuten braten.

• Für die Tintenfisch-Tagliarini alle Zutaten zu einem festen Teig verarbeiten. Diesen zu einer Kugel formen, in Klarsichtfolie wickeln und ca. 30 Minuten ruhen lassen. Dann den Teig mit der Nudelmaschine dünn ausrollen und mit einer feinen Matrize zu Tagliarini schneiden. Die Tagliarini in kochendem Salzwasser bissfest garen.

• Für die Hummersauce in einem Topf das Butterschmalz erhitzen und die zerkleinerten Hummerschalen anrösten. Das Gemüse fein schneiden und mit der Butter zu den Hummerschalen geben. Kurz anschwitzen, mit dem Armagnac ablöschen und flambieren – ansonsten schmeckt die Sauce „spritig“. Den Sauternes, weißen Portwein und Weißwein dazugeben und kurz aufkochen lassen. Die Tomaten mit dem Stabmixer pürieren und mit den Gewürzen ebenfalls in den Topf geben, salzen und 1 Stunde leicht köcheln lassen. Dann durch ein Sieb passieren und den passierten Fond auf 200 ml einkochen. Die Sahne und den Doppelrahm hinzugeben, aufkochen und 20 Minuten köcheln lassen. Zum Schluss mit Salz und Pfeffer verfeinern.

TIPP Auf Vorrat kann man die Tagliarini über eine Holzstange hängen und trocknen lassen oder, als Nest geformt, einfrieren.

Hirschkalbfilet in Wildrahmsauce mit Quarkspätzle und marinierten Sauerkirschen

S. 113 | FÜR 6 PERSONEN

HIRSCHKALBFILET
600 g Hirschkalbfilet oder -rücken
30 g Butterschmalz
Salz, Pfeffer aus der Mühle

WILDRAHMSAUCE
2 Schalotten, fein geschnitten
½ Orange, geschält und gewürfelt
½ Apfel, gewürfelt
20 g Walnussöl
15 ml Himbeeressig
200 ml kräftiger Wildfond
50 ml roter Portwein
30 ml Madeira
100 ml Weißwein
Salz, Pfeffer aus der Mühle
8 Wacholderbeeren
½ TL Koriander
½ Lorbeerblatt
2 Thymianzweige
2 Rosmarinzweige
400 ml Sahne
1 EL Crème fraîche
1 EL Preiselbeeren

QUARKSPÄTZLE
300 g Mehl
250 g Magerquark
2 Eigelb
2 Eier
Muskat
Salz, Pfeffer aus der Mühle

MARINIERTE SAUERKIRSCHEN
500 g Sauerkirschen, mit Stil
200 ml Spätburgunder Kabinett
75 ml roter Portwein
25 ml Orangensaft, frisch gepresst
20 g Honig
75 g Zucker

• Das Hirschkalbfilet mit Salz und Pfeffer würzen und in einer Pfanne mit dem Butterschmalz schnell anbraten. Im vorgeheizten Backofen bei 145 Grad ca. 8–10 Minuten rosa garen. Vor dem Aufschneiden ca. 6 Minuten stehen lassen.

• Für die Wildrahmsauce die Schalotten, Orangen- und Apfelwürfel in Walnussöl anschwitzen und mit dem Himbeeressig ablöschen. Mit dem Wildfond, Portwein, Madeira und Weißwein auffüllen und aufkochen. Die Gewürze und Kräuter beifügen und auf ein Fünftel der Menge einkochen. Mit der Sahne auffüllen. Die Crème fraîche und die Preiselbeeren dazugeben und erneut aufkochen. Anschließend 30 Minuten ziehen lassen und abermals aufkochen. Zum Schluss durch ein Sieb passieren.

• Für die Quarkspätzle alle Zutaten zu einem glatten Teig verarbeiten und 30 Minuten ruhen lassen. Den Spätzleteig in kochendes Salzwasser schaben oder durch eine Spätzlehexe drehen. Sobald die Spätzle an die Wasseroberfläche steigen, mit einem Schaumlöffel abfischen und in Eiswasser abschrecken – so wird ein Aneinanderkleben der Spätzle verhindert.

• Für die marinierten Sauerkirschen die Kirschen waschen und die Stiele auf etwa 1 cm kürzen. Die Kirschen mit einer feinen Nadel mehrfach einstechen und in ein Einmachglas schichten. Die restlichen Zutaten in einen Topf geben, aufkochen und 10 Minuten köcheln lassen. Dann die Flüssigkeit auf ca. 50 Grad abkühlen lassen und über die Kirschen gießen. Das Glas mit den eingelegten Kirschen in einem Einmachautomat ca. 20 Minuten bei 80 Grad sterilisieren.

Seeteufelmedaillon im Schinkenmantel auf jungem Spinat mit Hummersauce und Spinatgnocchetti

S. 115 | FÜR 6 PERSONEN

SEETEUFELMEDAILLON IM SCHINKENMANTEL
12 Seeteufelmedaillons (à 60 g)
12 Scheiben Fenchel-Schinken
Salz, Pfeffer aus der Mühle
Mehl zum Mehlieren
Butterschmalz zum Braten

JUNGER SPINAT
200 g junger Spinat
1 kleine Schalotte
1 EL Olivenöl
Salz, Pfeffer aus der Mühle

HUMMERSAUCE
(siehe Rezept Seezungenfilet, S. 159)

SPINATGNOCCHETTI
800 g Kartoffeln, mehligkochend
75 g Spinat
150 g Mehl
60 g Kartoffelstärke
3 Eigelb
30 g Parmesan, gerieben
Salz, Pfeffer, Muskat
Olivenöl

• Die Seeteufelmedaillons mit Salz und Pfeffer würzen. Für jedes Medaillon eine Scheibe Fenchel-Schinken auf die Arbeitsfläche legen, den Seeteufel darin einwickeln und mehlieren. In einer Pfanne das Butterschmalz erhitzen und die mehlierten Schinkenpäckchen auf beiden Seiten ca. 2 Minuten braten.

• Die Stiele der Spinatblätter entfernen, den Spinat waschen und trocken tupfen. Die Schalotte schälen und in feine Würfel schneiden. In einer Pfanne das Olivenöl erhitzen und die Schalottenwürfel anschwitzen. Nun den Spinat hinzugeben, mit Salz und Pfeffer würzen und alles kurz durchschwenken.

• Für die Spinatgnocchetti die Kartoffeln in der Schale im vorgeheizten Ofen bei 175 Grad ca. 35–40 Minuten (je nach Größe) backen. Anschließend schälen, durch eine Presse drücken und abkühlen lassen. Den Spinat blanchieren und in Eiswasser abschrecken, auf einem Küchenpapier trocknen und mit einer Küchenmaschine pürieren. Die Kartoffelmasse und das Spinatpüree mit den restlichen Zutaten mischen und zu einem Teig verarbeiten. Den Teig 15 Minuten ruhen lassen, dann fingerdick ausrollen und schräg zu kleinen Gnocchi abstechen. Die Gnocchetti in sprudelnd kochendes Salzwasser geben. Sobald sie an die Oberfläche steigen, mit einem Schaumlöffel abfischen und in Eiswasser abschrecken. Die Gnocchetti in einem Sieb gut abtropfen lassen und mit Olivenöl durchmischen, damit sie nicht zusammenkleben.

Kürbis-Curry-Risotto mit Wachtel-Zitronengras-Spieß

S. 121 | FÜR 6 PERSONEN

KÜRBIS-CURRY-RISOTTO
50 g Zwiebeln, fein gehackt
1 Knoblauchzehe, fein gehackt
30 g Butter
400 g Muskatkürbis, fein gewürfelt
200 g Risottoreis (Carnairolo)
1 TL Currypulver Madras
150 ml Weißwein
700 ml Geflügelfond
50 g Parmesan, fein gerieben
Salz, Pfeffer aus der Mühle

WACHTEL-ZITRONENGRAS-SPIESS
6 Wachtelbrüste
6 Zitronengrasspieße
Salz, Pfeffer
Mehl zum Bestäuben
Butterschmalz zum Braten

Kürbiskernöl und gehackte
Kürbiskerne zum Garnieren

• Für das Kürbis-Curry-Risotto die Zwiebeln und den Knoblauch in heißer Butter anschwitzen. Die Kürbiswürfel und den Reis dazugeben und mit anschwitzen. Mit Currypulver, Salz und Pfeffer würzen und mit dem Weißwein ablöschen. Das Ganze auf die Hälfte einkochen und unter Rühren 15 Minuten köcheln lassen, dabei nach und nach den heißen Geflügelfond zugießen. Zuletzt den Parmesan unterrühren und das Risotto etwas ruhen lassen. So wird das Risotto noch cremiger.

• Damit die Wachtelbrüste das Zitronengrasaroma gut annehmen, sollten sie ca. 3–4 Stunden vor der Zubereitung mit den Zitronengrasspießen präpariert werden. Dazu das Zitronengras längs halbieren oder vierteln (je nach Stärke), in die Wachtelbrüste einen Schnitt machen und die Zitronengrasspieße hindurchschieben. Die Wachtelbrüste würzen, mit Mehl bestäuben und in einer heißen Pfanne mit Butterschmalz auf beiden Seiten insgesamt ca. 4–5 Minuten braten.

TIPP Als Garnitur können Kürbiskernöl und gehackte Kürbiskerne über das Risotto gegeben werden.

Rinderrücken in Basilikumkruste auf Peperonata und Rosmarinkartoffeln

S. 122 | FÜR 6 PERSONEN

BASILIKUMKRUSTE
60 g Basilikum
20 g Blattpetersilie
125 g Crème fraîche
250 g Butter
Salz, Cayennepfeffer
250 g Toastbrot, ohne Rinde

RINDERRÜCKEN
750 g Roastbeef
Salz, Pfeffer aus der Mühle
Butterschmalz zum Braten

PEPERONATA
1 kleine Zwiebel
1 Knoblauchzehe
3 EL Olivenöl
2 Paprika (1 rote, 1 gelbe)
150 ml Tomatensaft
3 Tomaten
10 g Ketchup
Piment d'Espelette
etwas Kartoffelstärke
Salz

ROSMARINKARTOFFELN
600 g Kartoffeln (am besten La Ratte)
60 ml Olivenöl
3 Rosmarinzweige, abgezupft und fein gehackt
Salz, Pfeffer aus der Mühle

• Für die Basilikumkruste das Basilikum und die Blattpetersilie waschen, die Stile entfernen. Mit der Crème fraîche in eine Küchenmaschine geben und pürieren. Die Butter aufschlagen, mit Salz und Cayennepfeffer würzen. Das Basilikumpüree hinzufügen. Das Toastbrot in der Küchenmaschine zu Mie de pain verarbeiten und zu der Basilikumbutter geben. Alles gut vermischen. Die Krustenmasse in einem Streifen auf Butterbrotpapier geben und mithilfe des Papiers zu einer Rolle formen. Mindestens 2 Stunden kühl stellen.

• Das Roastbeef in 3 Stücke à 250 g schneiden. Die Steaks mit Salz und Pfeffer würzen und in einer Pfanne mit Butterschmalz auf allen vier Seiten anbraten. Im vorgeheizten Backofen bei 120 Grad ca. 12–15 Minuten rosa garen. Das Fleisch 15 Minuten ruhen lassen. Die Krustenmasse in 5 mm dünne Scheiben schneiden und auf die Steaks legen. Die Steaks nun unter dem Backofengrill 4 Minuten garnieren.

• Für die Peperonata die Zwiebel und die Knoblauchzehe schälen, fein schneiden und in einer Pfanne in leicht erhitztem Olivenöl anschwitzen. Die Paprika schälen, in Streifen schneiden, hinzufügen und mit anschwitzen. So lange garen, bis keine Flüssigkeit mehr im Topf ist. Dann mit 100 ml Tomatensaft ablöschen. Die Tomaten schälen, in Streifen schneiden und hinzugeben. Mit Ketchup, Salz und Piment d'Espelette würzen. Das Ganze etwas köcheln lassen. Die Kartoffelstärke mit dem restlichen Tomatensaft verrühren und die Peperonata abbinden.

• Die Kartoffeln waschen, trocken tupfen und halbieren. Das Olivenöl in der Pfanne erhitzen, die Kartoffeln hinzugeben, kurz durchschwenken und im vorgeheizten Backofen bei 180 Grad ca. 20 Minuten garen. Nach 15 Minuten den Rosmarin hinzufügen. Mit Salz und Pfeffer würzen.

Perlhuhnbrust mit Sommertrüffel auf Rahmkohlrabi und Kartoffelcrêpes

S. 125 | FÜR 6 PERSONEN

PERLHUHNBRUST
6 Perlhuhnbrüste
Salz, Pfeffer aus der Mühle
Mehl zum Mehlieren
Butterschmalz zum Braten

TRÜFFELSAUCE
10 g schwarzer Sommertrüffel
10 g Butter
100 ml roter Portwein
50 ml Madeira
150 ml Kalbsjus
etwas Katoffelstärke
Rotwein
Salz, Pfeffer aus der Mühle

RAHMKOHLRABI
2 Kohlrabi
200 ml Sahne
Salz, Pfeffer aus der Mühle
evtl. 15 g weiße Roux

KARTOFFELCRÊPES
450 g Kartoffeln
35 g Mehl
25 g Kartoffelstärke
2 Eigelb
2 Eier
30 g Doppelrahm
Salz, Pfeffer aus der Mühle, Muskat
Butterschmalz zum Ausbacken

30 g schwarzer Sommertrüffel

• Die Perlhuhnbrüste mit Salz und Pfeffer würzen, mehlieren und in einer heißen Pfanne mit Butterschmalz auf beiden Seiten anbraten. Im vorgeheizten Backofen bei 140 Grad ca. 10–12 Minuten garen.

• Für die Trüffelsauce den Trüffel mit einer Bürste säubern. 10 g Trüffel in kleine Würfel schneiden und in der Butter anschwitzen. Mit dem Portwein und Madeira ablöschen und auf 30 ml einkochen. Mit dem Kalbsjus auffüllen, 10 Minuten köcheln lassen und mit einer Kartoffelstärke-Rotwein-Mischung auf die gewünschte Konsistenz abbinden.

• Die Kohlrabi schälen und in gleichmäßige Würfel schneiden. In kochendem Salzwasser so lange garen, bis sie noch leichten Biss haben. Die Sahne aufkochen, leicht einkochen und die Kohlrabiwürfel hinzugeben. Umrühren, mit Salz und Pfeffer würzen und eventuell mit der weißen Roux abbinden.

• Für die Crêpes die Kartoffeln schälen und in Salzwasser kochen. Anschließend durch eine Presse in eine Schüssel drücken und gut abkühlen lassen.
Die Kartoffelmasse mit dem Mehl, der Kartoffelstärke, den Eigelben und Eiern, dem Doppelrahm und den Gewürzen zu einem Teig verarbeiten. In einer Pfanne das Butterschmalz erhitzen und den Teig bei mittlerer Hitze auf beiden Seiten goldgelb zu Crêpes ausbacken.

• Abschließend alles auf Tellern anrichten und den restlichen Trüffel darüberhobeln (ca. 5 g pro Person).

Kalbsfilet auf Morchelragout mit Spargelstrudel und gebratenem Spargel

S. 126 | FÜR 6 PERSONEN

KALBSFILET
1 Kalbsfilet (750 g)
Salz, Pfeffer aus der Mühle
Butterschmalz zum Braten

MORCHELRAGOUT
150 ml Geflügelfond
50 ml Weißwein
25 ml Noilly Prat
½ kleine Schalotte, geschält und fein geschnitten
200 ml Sahne
200 g frische Morcheln, geputzt und gewaschen
Butter zum Anschwitzen
Salz, Pfeffer
1 EL Schlagsahne, ungesüßt (nach Belieben)

SPARGELSTRUDEL
250 g Strudelteig, gekauft oder selbst zubereitet

TEIG
1 Prise Salz
50 ml Wasser
150 g Mehl, gesiebt
15 g Sonnenblumenöl
25 g Vollei

FÜLLUNG (FÜR 2 STRUDEL)
150 g Ricotta
1 Eigelb
25 g Toastbrot, ohne Rinde und gewürfelt
15 g Parmesan, gerieben
200 g Spargel, geschält und in mittelgroße Würfel geschnitten
½ TL Petersilie, gehackt (nach Belieben)
Salz, Pfeffer, Muskat

50 g Butter, geschmolzen

GEBRATENER SPARGEL
400 g weißer Spargel
40 g Butter
Salz, Pfeffer aus der Mühle

• Das Kalbsfilet mit Salz und Pfeffer würzen und in einer heißen Pfanne mit Butterschmalz gleichmäßig anbraten. Im vorgeheizten Backofen bei 140 Grad ca. 15–20 Minuten rosa garen. Vor dem Aufschneiden 15 Minuten ruhen lassen.

• Für das Morchelragout den Geflügelfond, Weißwein und Noilly Prat mit den Schalotten in einen Topf geben und auf ein Zehntel der Menge einkochen.
Die Sahne beifügen, kurz köcheln lassen und mit Salz und Pfeffer würzen. Durch ein Sieb passieren. Die Morcheln in einer Pfanne mit Butter anschwitzen, mit Salz und Pfeffer würzen und in die passierte Rahmsauce geben. Nochmals abschmecken und eventuell mit der Schlagsahne verfeinern.

• Für den Strudelteig das Salz im Wasser auflösen. Das Mehl in eine Schüssel geben und mit den restlichen Zutaten (10 g Sonnenblumenöl, Vollei, Wasser-Salz-Mischung) zu einen Strudelteig verarbeiten.
Den Teig zu einer Kugel formen, mit dem verbliebenen Sonnenblumenöl einreiben, in eine Klarsichtfolie wickeln und mindestens 30 Minuten ruhen lassen.

• Für die Strudelfüllung den Ricotta mit dem Eigelb verrühren und würzen. Die Toastbrotwürfel, den Parmesan und Spargel unterrühren. Nach Belieben mit Petersilie verfeinern.

• Den Strudelteig auf einem bemehlten Tuch ausziehen und die Füllung auf einem Viertel des Teiges verteilen. Den restlichen Teig mit einem Teil der geschmolzenen Butter beträufeln, zu einem Strudel rollen und die Enden zusammendrücken. Den Strudel auf ein gefettetes Backblech setzen und mit der restlichen Butter bestreichen. Im vorgeheizten Ofen bei 200 Grad ca. 18–20 Minuten backen.

• Den Spargel schälen, die unteren (holzigen) Enden entfernen und in ca. 4 cm lange und 5 mm breite Stifte schneiden. Bei mittlerer Hitze in der Pfanne die Butter schmelzen und den Spargel hinzugeben. Langsam braten und am besten im vorgeheizten Ofen bei 145 Grad 6–8 Minuten garen. Dabei mehrmals wenden. Anschließend den Spargel aus dem Ofen nehmen und mit Salz und Pfeffer würzen.

Gebratene Riesencrevette auf Bärlauchrisotto

S. 130 | FÜR 6 PERSONEN

12 Black Tiger Garnelen in der Schale
Salz, Pfeffer aus der Mühle
Butterschmalz zum Braten

BÄRLAUCHRISOTTO
30 g Butter
50 g Zwiebeln, fein gehackt
200 g Risottoreis (Carnairolo)
150 ml Weißwein
700 ml Geflügelfond
40 g Parmesan, gerieben
ca. 20 g Bärlauch, in feine Streifen geschnitten
Bärlauchbutter nach Belieben
Salz

BÄRLAUCHBUTTER
50 g Bärlauch, ohne Stiel und gewaschen
50 g Butter

• Die Garnelen abbrausen und aus der Schale lösen, dabei das hintere Schalenende nicht abtrennen. Mit einem Messer am Rücken entlang einschneiden und jeweils den schwarzen Darm entfernen. Die Garnelen am Kopfende mit einem Schnitt halbieren, mit Salz und Pfeffer würzen und in einer heißen Pfanne mit Butterschmalz auf beiden Seiten anbraten. Zum Schluss aufstellen und fertig garen.

• Für die Bärlauchbutter den Bärlauch mit der Butter in einer Küchenmaschine pürieren.

• Für das Bärlauchrisotto die Butter erhitzen und die Zwiebeln darin anschwitzen. Den Reis dazugeben, kurz umrühren. Mit dem Weißwein ablöschen, ungefähr zur Hälfte einkochen und mit Salz würzen. Unter Rühren 15–20 Minuten köcheln lassen, dabei nach und nach den heißen Geflügelfond zugießen. Kurz vor der Fertigstellung, je nach gewünschter Konsistenz, mit Parmesan, Bärlauchstreifen und Bärlauchbutter verfeinern. Das Risotto etwas ruhen lassen, damit es eindicken und noch cremiger werden kann.

Bärlauchpesto

S. 131 | FÜR 500 G

60 g Pinienkerne
100 g Bärlauch
25 g Blattpetersilie
10 g feines Meersalz
250 ml Olivenöl
80 g Parmesan, gerieben
40 g Pecorino, gerieben

• Die Pinienkerne in einer Pfanne leicht rösten, abkühlen lassen und mit einer Küchenmaschine fein mixen. Den Bärlauch und die Blattpetersilie waschen, in einer Salatschleuder trocken schleudern und ebenfalls, zusammen mit dem Meersalz und Olivenöl, fein mixen. Den Parmesan, Pecorino und die Pinienkerne hinzugeben und vermengen. Am Ende abschmecken und nach Belieben nachsalzen.

Lammkoteletts in Olivenkruste auf Paprikapolenta

S. 132 | FÜR 6 PERSONEN

OLIVENKRUSTE
250 g Butter
100 g Oliven-Tapenade
50 g Olivenöl
250 g Toastbrot, ohne Rinde
Salz, Piment d'Espelette

2 Lammkarrees (à 450 g)
Salz, Pfeffer aus der Mühle
Butterschmalz zum Anbraten

PAPRIKAPOLENTA
OFENPAPRIKA
2 rote Paprika, geviertelt und entkernt
etwas Olivenöl
Salz, Pfeffer aus der Mühle

PAPRIKASAUCE
20 g Olivenöl
1 Schalotte
½ Knoblauchzehe
2 rote Paprika
100 ml Rinderbrühe
Salz, Pfeffer aus der Mühle
evtl. etwas Cayennepfeffer oder
Piment d'Espelette

POLENTA
300 ml Rinderbrühe
75 g grobe Bramata Polenta

15–20 g Parmesan, nach Belieben
Salz, Pfeffer aus der Mühle

• Für die Olivenkruste die Butter aufschlagen, mit Salz und Piment d'Espelette würzen. Die Oliven-Tapenade und das Olivenöl hinzufügen. Das Toastbrot in einer Küchenmaschine zu Mie de Pain verarbeiten, dazugeben und vermischen. Aus der Masse zwei Stangen formen, in Klarsichtfolie wickeln und mindestens 2 Stunden kühl stellen.

• Die sauber parierten Lammkarrees mit Salz und Pfeffer würzen, in einer heißen Pfanne mit Butterschmalz gleichmäßig anbraten und im vorgeheizten Backofen bei 120 Grad ca. 15–18 Minuten rosa garen. Nach dem Braten 15 Minuten ruhen lassen. Dann in Kotelettstücke schneiden und auf ein Gitter legen. Mit jeweils einer Scheibe der Olivenkruste belegen und unter dem Backofengrill gratinieren.

• Für die Ofenpaprika den Backofen auf 220 Grad vorheizen. Ein Backblech mit Olivenöl bestreichen und mit Salz und Pfeffer bestreuen. Die Paprikaviertel darauf verteilen und ca. 20–24 Minuten in den Backofen schieben. Die Paprikastücke sollten sich leicht schwarz färben – dann lassen sie sich einfacher schälen. Nach dem Schälen abkühlen lassen und in daumennagelgroße Quadrate schneiden.

• Für die Paprikasauce das Olivenöl in einem Topf erwärmen. Die Schalotte schälen und in Streifen schneiden, die Knoblauchzehe fein hacken, in den Topf geben und kurz anschwitzen. Die Paprika vierteln, entkernen und in Streifen schneiden. Ebenfalls in den Topf geben und so lange anschwitzen, bis keine Flüssigkeit mehr vorhanden ist. Die Rinderbrühe beifügen, mit Salz und Pfeffer würzen (eventuell etwas Cayennepfeffer oder Piment d'Espelette hinzugeben) und ca. 20 Minuten leicht köcheln lassen. Mit einem Pürierstab gut mixen und durch ein feines Sieb passieren.

• Für die Polenta die Rinderbrühe aufkochen. Die Bramata Polenta unter Rühren langsam einrieseln lassen. Aufkochen und ca. 15 Minuten zugedeckt am Herdrand ziehen lassen.

• Zur Fertigstellung 50–60 ml der Paprikasauce beifügen. Wieder köcheln lassen und den Parmesan einrühren. Zum Schluss die Ofenpaprika dazugeben und mit Salz und Pfeffer abschmecken.

Mohnschmarrn mit Kokoseis und marinierten Erdbeeren

S. 137 | FÜR 6 PERSONEN

MOHNSCHMARRN
125 g Quark
65 g Sahne
12 g Grieß
2 Eigelb
½ Vanilleschote, Mark
½ unbehandelte Zitrone, Abrieb
40 g Blaumohn, gemahlen
1 Prise Salz
3 Eiweiß
30 g Zucker
10 g Weizenstärke
1 EL Butter
5–10 g Honig
Puderzucker

KOKOSEIS
400 ml Kokosmilch
125 ml Milch
75 g Zucker
100 g Glukose

MARINIERTE ERDBEEREN
400 g Erdbeeren
90 g Zucker
¼ Orange, Saft
¼ Zitrone, Saft
20 ml Grand Marnier

• Für den Mohnschmarrn Quark, Sahne, Grieß, Eigelbe, Vanillemark, Zitronenabrieb, Mohn und Salz vermengen. Das Eiweiß mit dem Zucker aufschlagen. Ein Drittel des Eischnees unter die Quarkmasse rühren. Den Rest des Eischnees mit der Weizenstärke unterheben. Die Butter in einer backofenfesten Pfanne erhitzen, den Honig beigeben und aufschäumen lassen. Dann den Schmarrnteig einfüllen, mit Zucker bestreuen und für 20 Minuten bei 190 Grad in den vorgeheizten Backofen geben.
Vor dem Servieren mit Puderzucker bestreuen.

• Für das Kokoseis alle Zutaten zusammen aufkochen und ca. 15 Minuten köcheln lassen, durch ein Sieb in eine kalte Schüssel gießen, abkühlen lassen und in einer Eismaschine frieren.

• Die Erdbeeren waschen und den Stiel entfernen. 200 g Erdbeeren in grobe Würfel schneiden und mit dem Zucker, Orangen- und Zitronensaft 30 Minuten marinieren. Die restlichen Erdbeeren in gleichmäßige Würfel schneiden und in einer Schüssel beiseitestellen. Die marinierten Erdbeeren mixen und durch ein Sieb passieren. Nun die beiseitegestellten Erdbeeren mit dem Erdbeerpürree mischen und mit Grand Marnier parfümieren.

Quarksoufflé mit marinierten Erdbeeren und Felchlin-Schokoladeneis

S. 138 | FÜR 6 PERSONEN

QUARKSOUFFLÉ
500 g Magerquark
5 Eigelb
½ Vanilleschote, Mark
etwas Zitronenabrieb
5 Eiweiß
100 g Zucker
Butter und Zucker für die Förmchen (8 cm Ø)

MARINIERTE ERDBEEREN
(siehe Rezept Mohnschmarrn, S. 168)

FELCHLIN-SCHOKOLADENEIS
250 ml Sahne
250 ml Milch
4 Eigelb
75 g Zucker
90 g Felchlin-Schokolade (Centenario 72%), klein gehackt

• Die Förmchen mit zerlassener Butter gleichmäßig dünn ausstreichen. Zucker hineinstreuen und die Förmchen drehen, bis Boden und Rand lückenlos bedeckt sind. Den restlichen Zucker wieder aus den Förmchen schütten.

• Für das Quarksoufflé den Quark in einem Tuch ausdrücken (ergibt 350 g), mit dem Eigelb, Vanillemark und Zitronenabrieb verrühren. Das Eiweiß mit dem Zucker cremig-steif schlagen. Ein Drittel des Eischnees mit einem Schneebesen in die Quarkmasse rühren. Den restlichen Eischnee mit einem Kochlöffel behutsam unterheben. Den Backofen auf 200 Grad vorheizen. Die Förmchen auf ein tiefes, mit Backpapier ausgelegtes Blech setzen und die Soufflémasse bis ca. 1 cm unter den Rand einfüllen. Dann so viel heißes Wasser in das Blech geben, bis die Förmchen zu einem Drittel im Wasser stehen. Das Blech in den Backofen schieben und die Soufflés ca. 12–15 Minuten garen. Sofort servieren.

• Für das Schokoladeneis die Sahne mit der Milch aufkochen. Das Eigelb mit dem Zucker verrühren, die Sahne-Milch-Mischung beifügen und in einer Schüssel über einem heißen Wasserbad cremig aufschlagen. Die Felchlin-Schokolade dazugeben. Die Masse glatt rühren, durch ein Sieb in eine kalte Schüssel gießen und abkühlen lassen. In einer Eismaschine frieren.

Rhabarber-Mandel-Schlupfer mit Rhabarberkompott und Rhabarberrahmeis

S. 141 | FÜR 6 PERSONEN

RHABARBER-MANDEL-SCHLUPFER
80 g Biskuitwürfel
150 g Rhabarber, geschält und gewürfelt
40 g Mandeln, gehobelt
Butter und Zucker für die Porzellanförmchen (8 cm Ø)
Puderzucker zum Bestäuben

ROYALE
125 ml Milch
125 ml Sahne
2 Eigelb
1 Ei
45 g Zucker

RHABARBERKOMPOTT
500 g Rhabarber
180 g Zucker
1 Vanilleschote
150 ml Weißwein
8 g Stärke
2 EL Apfelsaft

RHABARBERRAHMEIS
100 g Zucker
300 g Rhabarber, geschält und in kleine Würfel geschnitten
250 ml Sahne
4 Eigelb

- Die Porzellanförmchen gut ausbuttern. Zucker hineinstreuen und die Förmchen drehen, bis Boden und Rand lückenlos bedeckt sind. Den restlichen Zucker wieder aus den Förmchen schütten.

- Für die Royale alle Zutaten gut verrühren.

- Für die Schlupfer die Biskuit- und Rhabarberwürfel abwechselnd in die Förmchen schichten. Mit der Royale auffüllen und mit den gehobelten Mandeln abschließen. Im vorgeheizten Ofen bei 180 Grad ca. 18–20 Minuten backen. Die Förmchen aus dem Ofen nehmen und ca. 5 Minuten ruhen lassen. Dann die Schlupfer mit einem Messer vom Förmchenrand lösen und auf Teller stürzen. Mit Puderzucker bestäuben.

- Für das Kompott den Rhabarber schälen und in gleichmäßige Stücke schneiden. Mit dem Zucker und der Vanilleschote (sowohl mit dem ausgekratzten Mark als auch mit der Schote) in eine Form geben. Mit Alufolie abdecken und im vorgeheizten Backofen bei 80 Grad ca. 2 Stunden garen. Den dabei entstandenen Fond abgießen, mit dem Weißwein aufkochen (ergibt ca. 250 ml) und mit der mit Apfelsaft angerührten Stärke abbinden. Abkühlen lassen und den Rhabarber hinzugeben.

- Für das Rhabarberrahmeis 25 g Zucker in einem Topf leicht karamellisieren und die Rhabarberwürfel hinzufügen. Kurz umrühren und mit geschlossenem Deckel bei mittlerer Hitze weich dämpfen. Den gedämpften Rhabarber mit einem Stabmixer pürieren und mit der Sahne aufkochen. Das Eigelb und den restlichen Zucker verrühren, die Sahne-Rhabarber-Mischung beifügen und das Ganze in einer Schüssel über einem heißen Wasserbad cremig aufschlagen. Durch ein Sieb in eine kalte Schüssel gießen, abkühlen lassen und in der Eismaschine frieren.

Crema fritta auf Beerenragout

S. 142 | FÜR 6 PERSONEN

CREMA FRITTA
4 Eigelb
75 g Kristallzucker
50 g Mondamin
200 ml Milch
200 ml Sahne
1 Vanilleschote, Mark
1 Zitrone, Abrieb
10 g Butter

Mehl, Ei und Paniermehl zum Panieren

BEERENRAGOUT
400 ml Rotwein
½ Vanilleschote
¼ Zimtstange
10 g Mondamin
1 Orange, Saft
80 g Honig
300 g Beeren, gemischt,
je nach Saison und Verfügbarkeit:
Himbeeren, Heidelbeeren, Johannisbeeren,
Brombeeren, Erdbeeren etc.
Himbeergeist nach Belieben

• Für die Crema fritta das Eigelb mit dem Zucker leicht aufschlagen. Mondamin dazugeben und mit 50 ml Milch verrühren. Die restliche Milch mit der Sahne, dem Vanillemark und dem Zitronenabrieb in einem Topf aufkochen. Die Eigelbmasse in die heiße Sahne-Milch-Mischung geben und 5–6 Minuten kochen lassen. Die Masse in eine ausgebutterte Terrinenform streichen, mit einer Klarsichtfolie abdecken und mindestens 5 Stunden in den Kühlschrank stellen. Danach die kalte Puddingmasse auf ein Brett stürzen und in Scheiben schneiden. Die Scheiben zuerst im Mehl, dann im verrührten Ei und zum Schluss im Paniermehl wenden. Nochmals in Ei und Paniermehl wenden. Dann bei 190 Grad in der Fritteuse backen. Falls keine Fritteuse vorhanden ist, können die panierten Puddingscheiben auch mit Erdnussöl in einer Pfanne ausgebacken werden.

• Für das Beerenragout den Rotwein mit der aufgeschlitzten Vanilleschote und der Zimtstange aufkochen und ca. 10 Minuten ziehen lassen. Das Mondamin mit dem Orangensaft auflösen und den Rotweinfond damit abbinden. Nach Belieben mit Honig süßen, abkühlen lassen und die Beeren hinzugeben. Je nach Geschmack mit Himbeergeist parfümieren.

Gefüllte Hippenblätter mit Quarkmousse und Himbeeren

S. 144 | FÜR 6 PERSONEN

HIPPEN
140 g Eiweiß
160 g Kristallzucker
80 g Mehl, gesiebt
130 g Butter, geschmolzen

QUARKMOUSSE
250 g Quark
1 Vanilleschote, Mark
½ Zitrone, Abrieb und Saft
350 ml Sahne
165 g Eiweiß
85 g Zucker

10–12 Himbeeren (pro Person)

• Für die Hippen Eiweiß und Zucker steif schlagen. Das gesiebte Mehl unter den Eischnee heben und die geschmolzene, lauwarme Butter vorsichtig in den Teig einrühren. Mithilfe eines alten Plastikdeckels eine runde Ringschablone basteln (8 cm Ø). Die Schablone auf eine teflonbeschichtete Backmatte legen und den Teig einstreichen. Im vorgeheizten Ofen bei 160 Grad ca. 6 Minuten backen. Bevor man die Hippen von der Backmatte hebt, leicht abkühlen lassen.

• Für die Quarkmousse den Quark mit dem Vanillemark, Zitronenabrieb und -saft verrühren. Die Sahne steif schlagen und in die Quarkmasse rühren. Zum Schluss das Eiweiß mit dem Kristallzucker cremig steif schlagen und ebenfalls unter die Quarkmasse heben. Eine Schüssel, in der ein grobes Sieb hängt, mit einem Passiertuch auslegen und die Quarkmasse hineingeben. Abdecken und 5–6 Stunden abtropfen lassen.

Bananen-Mandel-Schlupfer

S. 146 | FÜR 6 PERSONEN

2 mittelgroße Bananen
Zitronensaft zum Marinieren
80 g Biskuitwürfel
60 g Schokoladenperlen
40 g Mandeln, gehobelt

ROYALE
125 ml Milch
125 ml Sahne
2 Eigelb
1 Ei
45 g Zucker

Butter und Zucker für die Porzellanförmchen (8 cm Ø)
Puderzucker zum Bestäuben

• Die Porzellanförmchen gut ausbuttern. Zucker hineinstreuen und die Förmchen drehen, bis Boden und Rand lückenlos bedeckt sind. Den restlichen Zucker wieder aus den Förmchen schütten.

• Für die Royale alle Zutaten gut verrühren.

• Die Bananen würfeln und mit Zitronensaft marinieren. Abwechselnd die Biskuit- und Bananenwürfel mit den Schokoladenperlen in die Förmchen schichten. Mit der Royale auffüllen und mit den gehobelten Mandeln abschließen. Im vorgeheizten Ofen bei 180 Grad ca. 25–30 Minuten backen. Die Förmchen aus dem Ofen nehmen und ca. 5 Minuten ruhen lassen. Dann die Schlupfer mit einem Messer vom Förmchenrand lösen und auf Teller stürzen. Mit Puderzucker bestäuben.

Marinierte Sauerkirschen

S. 148 | FÜR 500 G

500 g Sauerkirschen (mit Stil)
200 ml Spätburgunder Kabinett
75 ml roter Portwein
25 ml Orangensaft, frisch gepresst
20 g Honig
75 g Zucker

• Die Kirschen waschen und die Stiele auf etwa 1 cm kürzen. Die Kirschen mit einer feinen Nadel mehrfach einstechen und in ein Einmachglas schichten. Die restlichen Zutaten in einen Topf geben, aufkochen und 10 Minuten köcheln lassen. Dann die Flüssigkeit auf ca. 50 Grad abkühlen lassen und über die Kirschen gießen. Das Glas mit den eingelegten Kirschen in einem Einmachautomat ca. 20 Minuten bei 80 Grad sterilisieren.

Melonen-Chutney

S. 148 | FÜR 500 G

500 g Cavaillon-Melone, geschält und gewürfelt
100 g Gelierzucker
150 g Zucker
150 ml Obstessig
Salz, Cayennepfeffer
20 g Ingwer-Brunoise

• Die Melonenwürfel mit dem Gelierzucker durchmischen und 1 Stunde marinieren.
Den Zucker in einem Topf hell karamellisieren, mit dem Obstessig ablöschen und den Melonensaft dazugeben. Mit Salz, Cayennepfeffer und Ingwer-Brunoise würzen und leicht sirupartig einkochen. Die Melonenwürfel beifügen. Alles nochmals 10 Minuten leicht köcheln lassen und in ein Einmachglas füllen.

Aprikosenkompott

S. 149 | FÜR 500 G

250 g Zucker
300 ml Wasser
200 ml Weißwein
1 Vanilleschote
1 kg Aprikosen, halbiert und entkernt

• Zucker, Wasser, Weißwein und die aufgeschlitzte Vanilleschote in einen Topf geben und aufkochen. Die Aprikosen hinzufügen, alles kurz pochieren und heiß in Einmachgläser füllen.

Martin Schlegel

MEISTER DES BADISCHEN LEBENSGEFÜHLS Der Schlegelhof in Kirchzarten ist schlicht ein Gesamtkunstwerk. Von den Eltern 1971 aus einer Landwirtschaft gegründet, haben es die engagierten Wirtsleute Marianne und Martin Schlegel zu einer Oase der Gastfreundschaft und des badischen Lebensgefühls, Stück für Stück, umgebaut und erweitert. Heute beherbergt der Hof nicht nur die vielleicht schönste Gartenwirtschaft der ganzen Region, so herrlich liegt sie direkt an den Wiesen des Schwarzwalds, auch die hellen Gasträume mit naturbelassenem Holz und freundlichen Farbakzenten, ohne die fast obligatorische Schwarzwaldromantik, laden die Familien zum Verweilen ein. Im Zentrum steht, nach wie vor, die gradlinige, schnörkellose und perfekt ausbalancierte Küche des Patrons, die scheinbar mühelos zwischen herzhafter, badischer Hausmannskost und feiner, gehobener Landküche hin- und herpendelt. Gelernt hat er in Freiburgs Dattler und zwei Jahre kochte er unter Alfred Klink im Colombi Hotel. Dann hat sich Schlegel irgendwann entschieden, nicht nach den Michelin-Sternen zu greifen, einen „Bib Gourmand" hat er auch so bekommen, sondern seinen Bibiliskäs mit Brägele und seine Schnitzelsalatplatte neben seinem Atlantik-Seeteufelmedaillon und Krustentierravioli mit Safran-Gemüse oder seinem Lammkarree mit Tomaten-Oliven-Jus und Frühlingslauchrisotto auf der Speisekarte stehen zu lassen. Das Angebot wechselt saisonal und die Zulieferer sind natürlich regionale Erzeuger. Der Fisch wird immer mündlich empfohlen und richtet sich nach dem getätigten Tageseinkauf, überhaupt registrieren die Gäste mit Freude die steigende Zahl der verschiedenen Spezialitäten auf der Tageskarte. Schlegels Wildküche hat sich längst einen eigenen Ruf erworben. Für Kinder gibt es eine eigene Schmankerlkarte und Vegetarier müssen sich nicht mit den so oft üblichen Alibigerichten zufriedengeben. Seine mit über 350 Positionen bestückte Weinkarte, die eine Vielzahl badischer, deutscher, wie auch internationaler Hochgewächse aufweist, ist schlicht sensationell und würde jedem Sternerestaurant zur Ehre gereichen; auch hier wird großer Wert auf eine angemessene Preisgestaltung gelegt. Der Schlegelhof ist ein familienfreundlicher gastronomischer Vorzeigebetrieb der Extraklasse und ein wunderbarer Botschafter des badischen Lebensgefühls.

Martin Schlegel

„Ein klassischer Schwarzwälder Seitenspeck, sorgsam über mehrere Wochen geräuchert. Die weiße Fettschicht ist hier kernig und fest. So einen Speck erhält man nur von Schweinen, die ganz natürlich aufgewachsen sind. Masttiere würden in der kurzen Zeit der Aufzucht viel zu viel Wasser ansetzen."

Spargelcremesuppe
SEITE 234

Rote Bete mit Meerrettich-Sauerrahm, Feldsalat und Kräuterpistou
SEITE 234/235

Tomatensuppe mit Frischkäseravioli

SEITE 236

Kartoffelbrot
SEITE 237

Sesam-Gnocchi

SEITE 237

Geschmorter Fenchel und grüner Spargel

SEITE 238

Schupfnudeln

SEITE 238

Rinderfilet mit Hokkaidokürbis, Petersilienwurzeln und Teriyakijus

SEITE 239

Perlhuhnbrust mit Artischockenrisotto

SEITE 240

Wachtelbrust mit Linsen, jungem Spinat und Cassisfeigen
SEITE 241

Gebackener Ziegenfrischkäse mit Mangokompott
SEITE 242

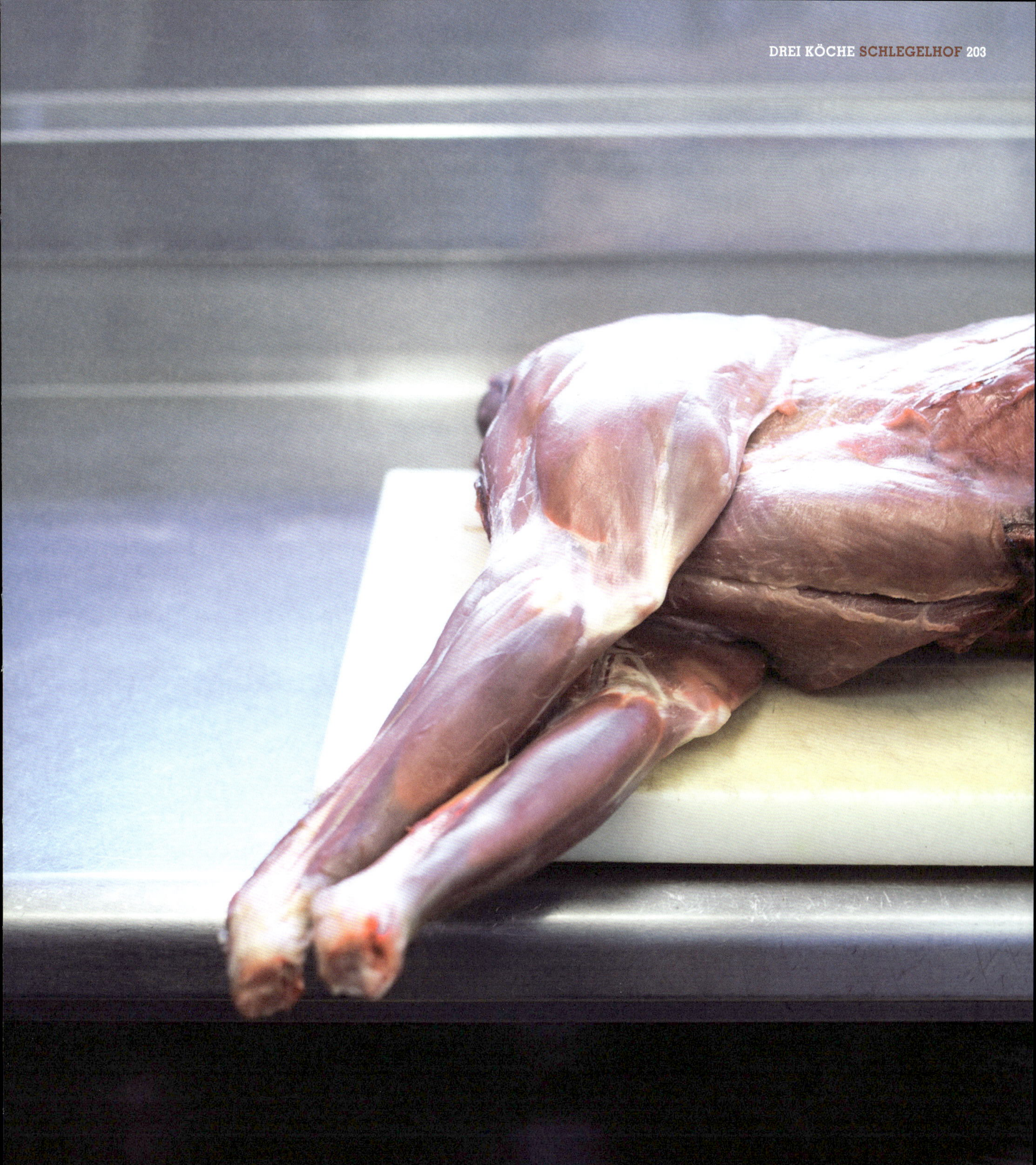

„Rehwild gehört überhaupt zum Besten, was der Wald hergibt. Wir beziehen es aus wirklich unmittelbarer Nähe. Helmut Schlosser beispielsweise, unser ehemaliger Förster, schießt das Wild im Revier Richtung Hinterwaldkopf, zwischen Höllental und Feldberg, praktisch direkt hinter unserm Haus!"

Steinpilzrisotto mit Ofentomaten und brauner Butter-Vinaigrette

SEITE 242/243

Terrine von gebratenen und marinierten Gemüsen

SEITE 243

Lammrücken mit Kartoffel-Peperonata
SEITE 244

LIFE'S TOO SHORT
TO DRINK CHEAP WINE

Marianne Schlegel

Rhabarbersuppe mit Topfen-Vanille-Mousse

SEITE 245

Apfeltarte
SEITE 246

Apfelkuchen mit Butterstreusel
SEITE 246

Topfennockerl mit Zwetschgenkompott
SEITE 247

Mango und Buttermilch im Glas
SEITE 248

Tartelette von zartbitterer Schokolade

SEITE 248

Karamellisierte Creme von Mocca und weißer Schokolade mit Himbeersorbet
SEITE 249

Mohnzopf

SEITE 249

Rezepte

Spargelcremesuppe

S. 178 | FÜR 4 PERSONEN

500 g weißer Spargel
750 ml Wasser
50 g Butter
25 g Mehl
250 ml Sahne
Salz, Pfeffer, Zucker

• Den Spargel schälen und die Schalen beiseitestellen. Das Wasser mit 25 g Butter aufkochen, leicht salzen und eine Prise Zucker zugeben. Den Spargel darin kochen, anschließend herausnehmen und beiseitestellen. Nun die Spargelschalen in demselben Wasser aufkochen. Den Fond passieren. Mit der restlichen Butter und dem Mehl eine Mehlschwitze herstellen. Mit dem Spargelfond auffüllen und glatt mixen. Ca. 10 Minuten leicht köcheln lassen. Mit der Sahne verfeinern und mit Salz und Pfeffer abschmecken. Vor dem Servieren die Suppe nochmals gut mixen. Den Spargel in kleine Stücke schneiden und als Einlage in die Suppe geben.

Rote Bete mit Meerrettich-Sauerrahm, Feldsalat und Kräuterpistou

S. 181 | FÜR 4 PERSONEN

ROTE BETE
200 g Rote Bete, gekocht
2 Schalotten
50 ml Sonnenblumenöl
100 ml Gemüse- oder Fleischbrühe
alter Balsamico zum Abschmecken
100 ml Walnussöl
Salz, Pfeffer, Zucker

MEERRETTICH-SAUERRAHM
150 g Sauerrahm
50–75 g Meerrettich (frisch, sehr fein gerieben oder Gemüsemeerrettich aus dem Glas)
2 Blatt Gelatine
2 EL Sahne, geschlagen
Salz, Pfeffer, Zucker

GRÜNES GELEE
½ Salatgurke, ohne Kerne
½ grüne Paprika
2 Blatt Gelatine
Salz, Pfeffer

KRÄUTERPISTOU
3 EL gehackte Kräuter (⅔ Petersilie + ⅓ Kerbel, Estragon, Basilikum)
4 EL Olivenöl
3 EL Walnüsse, frisch geröstet
Salz, Pfeffer

SALATDRESSING
2 EL Mandeln, gehobelt
2 EL Erdnüsse, gehobelt
2 EL Weinessig
6 EL Gemüse- oder Fleischbrühe
2 EL Erdnussöl
2 EL Walnussöl
2 EL Traubenkernöl
Salz, Pfeffer, Zucker

Feldsalat nach Belieben, gewaschen, geputzt

• Die Rote Bete abtropfen lassen und den Saft beiseitestellen. Die Rote Bete ebenfalls in kleine Würfel schneiden. Die Schalotten würfeln und in Sonnenblumenöl glasig dünsten. Mit Gemüse- oder Fleischbrühe, dem Rote-Bete-Saft und Balsamico ablöschen und heiß über die Rote Bete geben. Das Ganze etwas abkühlen lassen und dann das Walnussöl unterheben. Mit Salz, Pfeffer, Zucker und etwas Balsamico abschmecken.

• Für den Meerrettich-Sauerrahm den Sauerrahm und Meerrettich verrühren, mit Salz, Pfeffer und etwas Zucker abschmecken. Die Gelatine in kaltem Wasser einweichen, ausdrücken und in einem Wasserbad auflösen. Zuerst nur ca. ein Drittel des Sauerrahms zügig mit der Gelatine verrühren. Dann den restlichen Sauerrahm dazugeben und alles glatt rühren. Zum Schluss die geschlagene Sahne unterheben.

• Für das grüne Gelee die Gurke und Paprika pürieren und durch ein nicht zu feines Sieb passieren. Dezent mit Salz und Pfeffer abschmecken. Die Gelatine in kaltem Wasser einweichen, ausdrücken und in einem Wasserbad auflösen. Die Gurken-Paprika-Mischung mit der Gelatine vermengen. Eine Terrinenform mit Frischhaltefolie auskleiden und das Gelee ca. 1 cm hoch einfüllen. Sobald es stockt, mit dem Meerrettich-Sauerrahm auffüllen. Das Ganze mit ca. 5 mm Gelee bedecken. Kalt stellen.

• Für das Kräuterpistou die gehackten Kräuter mit dem Olivenöl vermischen. Mit Salz und Pfeffer abschmecken. Die frisch gerösteten Walnüsse hacken und unterrühren.

• Für das Salatdressing die Mandeln und Erdnüsse rösten, bis sie leicht braun werden. Alle Zutaten in einen Mixer geben. Mit Salz, Pfeffer und etwas Zucker abschmecken.

Tomatensuppe mit Frischkäseravioli

S. 185 | FÜR 4 PERSONEN

TOMATENSUPPE
1 Zwiebel
1 Stk. Staudensellerie
2 Knoblauchzehen
2 EL Olivenöl
500 g reife Tomaten
500 ml Gemüsebrühe
1 TL Balsamico
40 g Butter
10 Blatt Basilikum
Salz, Pfeffer, Zucker

NUDELTEIG
250 g Mehl (am besten italienisches Nudelmehl)
3 Eier
2 Eigelb
2 EL Olivenöl
Salz, Muskat

FÜLLUNG
200 g Frischkäse (von der Ziege oder von der Kuh)
1 Eigelb
Salz, Pfeffer, Muskat

30 g braune Butter

• Für die Tomatensuppe die Zwiebel, die Staudensellerie und den Knoblauch putzen, in Stücke schneiden und in Olivenöl anziehen. Die Tomaten vierteln und mit anziehen. Mit Gemüsebrühe auffüllen, mit Salz, Pfeffer und Zucker abschmecken und 30 Minuten leicht köcheln lassen. Den Tomatenfond durch ein nicht zu feines Sieb passieren. Nochmals abschmecken und dann den Balsamico beigeben. Mit Olivenöl und Butter die Suppe aufmixen. Basilikum in Streifen schneiden und auf die Suppe geben.

• Für den Nudelteig alle Zutaten zu einem glatten Teig verarbeiten. Den Teig abgedeckt ca. 1–2 Stunden im Kühlschrank ruhen lassen.

• Für die Füllung den Frischkäse mit Salz, Pfeffer und Muskat abschmecken und mit dem Eigelb zu einer glatten Masse verrühren.

• Den Nudelteig mit einer Nudelmaschine dünn ausrollen. Mit einem Raviolibrett oder frei Hand schöne Ravioli ausstechen und mit der Frischkäsemasse füllen. Die Ravioli ca. 2 Minuten sieden lassen. Aus dem Wasser nehmen und mit etwas brauner Butter durchschwenken.

Kartoffelbrot

S. 186 | FÜR EIN BACKBLECH

1 kg Mehl
300 g Kartoffelpüree-Flocken
30 g Salz
10 g Zucker
50 g Hefe
1 l Wasser
2 EL Olivenöl
1 Knoblauchzehe
1 TL Thymian und Rosmarin, gemischt und frisch geschnitten
1 EL Fleur de Sel

• Das Mehl, die Kartoffelpüree-Flocken, Salz, Zucker und Hefe in eine Rührmaschine geben und gut vermischen. Dann das handwarme Wasser beigeben und alles zu einem glatten Teig verarbeiten. Den Teig in eine Schüssel geben und über Nacht im Kühlschrank langsam gehen lassen. Ein Backblech mit etwas Olivenöl bestreichen und den Teig darauf ausbreiten. Mit den Fingern Löcher in den Teig drücken. Das Olivenöl mit dem Knoblauch und den Kräutern mixen und damit den Teig bestreichen. Mit dem Fleur de Sel würzen. Den Teig ca. 30 Minuten an einem warmen Ort gehen lassen. Bei 180 Grad im vorgeheizten Ofen ca. 30 Minuten backen.

Sesam-Gnocchi

S. 189 | FÜR 4 PERSONEN

2 EL Sesam (½ EL weiß, ½ EL schwarz)
500 g Pellkartoffeln, kalt und weich
150 g Mehl
2 Eier
2 Eigelb
1 EL Sesamöl
30 g Butter
Salz, Pfeffer, Muskat

• Den Sesam in einer Pfanne ohne Öl leicht anrösten. Die Kartoffeln schälen und durch eine Presse drücken. Das Mehl, die Eier, die Eigelbe, das Sesamöl, den Sesam (etwas zurückbehalten) und die Gewürze zügig zu einem glatten Teig verarbeiten. Die Arbeitsfläche mit Mehl bestäuben und den Teig zu ca. 1,5 cm dicken Rollen formen. Dann mit einem Teigschaber oder einer Palette die Rollen in Rauten teilen. Die Gnocchi in Salzwasser ca. 7–9 Minuten sieden lassen. Dann aus dem Wasser nehmen und in einer Pfanne mit Butter durchschwenken. Zum Schluss mit etwas geröstetem Sesam verfeinern.

Geschmorter Fenchel und grüner Spargel

S.190 | FÜR 4 PERSONEN

20 grüne Spargel
4 Fenchel
2 Lauchzwiebeln
2 EL Olivenöl
1 TL Tom Yum Paste
100 ml Gemüsebrühe
Salz, Pfeffer, Zucker

ORANGENSAUCE
1 Karotte
2 Schalotten
1 EL Butter
2 EL Zucker
500 ml Orangensaft
1 Ingwer
½ TL Mondamin
½ TL Orangenöl

• Den Spargel schälen und in 6–8 cm lange Stücke schneiden. Den Fenchel putzen und in sechs Teile schneiden. Die Lauchzwiebeln waschen und in ca. 1 cm große Stücke schneiden. Die Fenchelstücke in Olivenöl ca. 2–3 Minuten leicht anbraten. Dann den Spargel und die Lauchzwiebeln beigeben und etwas weiterbraten. Das Ganze mit der Tom Yum Paste, Salz, Pfeffer und Zucker würzen und mit der Gemüsebrühe angießen. Alles kurz schmoren, bis das Gemüse bissfest ist.

• Für die Orangensauce die Karotte und die Schalotten putzen und würfeln. Das Gemüse in etwas Butter hell anbraten und mit dem Zucker karamellisieren. Mit dem Orangensaft auffüllen und den geschälten und gewürfelten Ingwer beigeben. Alles ca. 15 Minuten leicht köcheln lassen. Den Orangenfond passieren und mit Mondamin binden. Die restliche Butter und das Orangenöl untermixen.

Schupfnudeln

S. 194 | FÜR 4 PERSONEN

500 g Pellkartoffeln (am besten vom Vortag)
150 g Mehl
2 Eier
2 Eigelb
30 g Butter
Salz, Pfeffer, Muskat

• Die Kartoffeln schälen und durch eine Presse drücken. Das Mehl, die Eier und Eigelbe, Salz, Pfeffer und Muskat beigeben. Alles zügig zu einem glatten Teig verarbeiten. Die Arbeitsfläche mit Mehl bestäuben und den Teig zu einer dünnen Rolle formen. Mit einem Teigschaber die Rolle in gleichmäßige Stücke teilen. Diese mit bemehlten Händen zu Schupfnudeln formen. In siedendem Salzwasser die Schupfnudeln 6–7 Minuten ziehen lassen. Die Schupfnudeln aus dem Wasser nehmen und in einer Pfanne mit Butter goldgelb durchschwenken.

Rinderfilet mit Hokkaidokürbis, Petersilienwurzeln und Teriyakijus

S. 195 | FÜR 4 PERSONEN

600 g Rinderfilet
Salz, Pfeffer

GEMÜSE
1 kleine Zwiebel, gewürfelt
300 g Hokkaidokürbis, geschält und in Spalten geschnitten
250 g Petersilienwurzeln, geschält und in Spalten geschnitten
100 ml Gemüsebrühe
30 g Butter
Salz, Pfeffer, Muskat

TERIYAKIJUS
8 EL Kalbsjus
100 ml Gemüsebrühe
½ Ingwer
1 TL Honig
3 EL Teriyaki-Sauce
30 g Butter

KÜRBISSAUCE
1 kleine Zwiebeln, gewürfelt
100 g Hokkaidokürbis, geschält und in Spalten geschnitten
100 ml Gemüsebrühe
1 Sternanis
1 TL Honig
½ Ingwer
2 EL Sahne
etwas Butter
Salz, Pfeffer

• Für das Gemüse die Zwiebelwürfel in Butter glasig anziehen, die Kürbis- und Petersilienwurzelspalten hinzugeben und etwas mit anschwitzen. Mit Salz, Pfeffer und etwas Muskat würzen. Mit der Gemüsebrühe auffüllen und kurz garen. Zum Schluss mit kalten Butterwürfeln den Fond etwas abbinden.

• Für den Teriyakijus den Kalbsjus mit der Gemüsebrühe verdünnen, dann leicht einkochen. Mit dem frisch geriebenen Ingwer, Honig und der Teriyaki-Sauce abschmecken. Zum Schluss die kalte Butter unterrühren.

• Für die Kürbissauce die Zwiebelwürfel und Kürbisspalten leicht anziehen. Mit Salz und Pfeffer leicht würzen Mit der Gemüsebrühe auffüllen. Den Sternanis, Honig und Ingwer hinzugeben. Sobald der Kürbis weich ist, den Sternanis herausnehmen, das Ganze mixen und passieren. Die Soße mit der Sahne verfeinern und mit etwas kalter Butter aufmixen.

• Die Filets mit Salz und Pfeffer würzen und rosa braten.

Perlhuhnbrust mit Artischockenrisotto

S. 196 | FÜR 4 PERSONEN

ARTISCHOCKEN
4 Artischocken
1 unbehandelte Zitrone, Saft
2 kleine Karotten
4 Schalotten
2 Knoblauchzehen
5 EL Olivenöl
2 Thymianzweige
2 Rosmarinzweige
1 Lorbeerblatt
125 ml trockener Weißwein
500 ml Geflügelfond
Salz, Pfeffer

ARTISCHOCKENRISOTTO
4 Schalotten
80 g Butter
3 EL Olivenöl
200 g Risotto (Arborio)
100 ml Weißwein
500 ml Artischockenfond
500 ml Geflügelfond
5 EL Parmesan, frisch gerieben
1 EL Blattpetersilie, gehackt
Salz, Pfeffer

PERLHUHN
4 küchenfertige Perlhuhnbrüste
1 TL Sonnenblumenöl
1 EL Butter
4 Thymianzweige
Salz, Pfeffer

• Die Artischocken mit einem Messer rundherum schälen, das obere Drittel und den Stiel abschneiden. Mit einem Löffel vorsichtig die Artischockenböden vom Heu (den Blütenhaaren) säubern und in Zitronenwasser legen. Die Karotten und die Schalotten schälen, in kleine Würfel schneiden, den Knoblauch sehr fein schneiden, die Artischocken in kleine Dreiecke schneiden. Einen breiten Topf erhitzen, das Olivenöl hinzugeben, dann die Artischocken kurz farblos anbraten. Die Schalotten- und Karottenwürfel, die Knoblauchscheiben und Kräuter dazugeben und kurz mit anbraten. Alles mit Salz und Pfeffer würzen, dann mit dem Weißwein und Geflügelfond ablöschen und kurz köcheln lassen, bis die Artischocken gar sind. Den so entstandenen Fond abseihen und für das Risotto verwenden.

• Für das Risotto die Schalotten fein schneiden und in einem Topf mit 40 g Butter und dem Olivenöl anziehen. Das Risotto beigeben und kurz mit anziehen. Mit dem Weißwein, Artischocken- und Geflügelfond bedecken und leicht köcheln lassen. Immer wieder umrühren und nach und nach mit dem Fond auffüllen, bis der Reis bissfest ist. Dann das Artischockengemüse beigeben. Nun den Parmesan unterrühren, mit der restlichen Butter und dem Olivenöl verfeinern, salzen und pfeffern und die gehackte Petersilie unterrühren.

• Die Perlhuhnbrüste würzen und auf der Hautseite in Sonnenblumenöl knusprig braten. Zum Schluss mit der Butter und den Thymianzweigen auf der Fleischseite saftig garziehen.

Wachtelbrust mit Linsen, jungem Spinat und Cassisfeigen

S. 198 | FÜR 4 PERSONEN

4 Wachtelbrüste
60 g Linsen
2 Schalotten, gewürfelt
1 TL Karotten, gewürfelt
1 TL Sellerie, gewürfelt
30 g Butter
50 ml Gemüsebrühe
100 g junger Blattspinat
1 EL alter Balsamico
1 EL Olivenöl
Salz, Pfeffer

FEIGEN
50 g Zucker
200 ml Rotwein
200 ml schwarzer Johannisbeersaft
100 ml roter Portwein
¼ Vanilleschote, Mark und Kapsel
½ TL Mondamin
2 Feigen

• Die Linsen kalt abspülen und dann in leicht gesalzenem Wasser bissfest garen. Die Linsen abschütten. Die Schalotten- und Gemüsewürfel in etwas Butter glasig anziehen. Die gekochten Linsen hinzugeben, mit der Gemüsebrühe auffüllen und ein Mal kurz aufkochen. Den Spinat unter die Linsen geben, mit Salz, Pfeffer und Balsamico abschmecken. Zum Schluss mit kalter Butter und Olivenöl verfeinern.

• Für die Feigen den Zucker karamellisieren, mit dem Rotwein, Johannisbeersaft und Portwein ablöschen. Das Mark aus der Vanilleschote kratzen. Mark und Kapsel beigeben und alles auf ein Drittel einkochen. Die Vanillekapsel aus dem Fond nehmen und mit etwas Mondamin leicht abbinden. Die Feigen vierteln und dann den heißen Fond darüber gießen. Die Feigen sollten mindestens 1 Nacht in der Marinade bleiben.

• Die Wachtelbrüste salzen und pfeffern, auf der Haut rosa braten.

• Die Feigen im Fond leicht erhitzen. Alles anrichten und garnieren.

Gebackener Ziegenfrischkäse mit Mangokompott

S. 201 I FÜR 4 PERSONEN

GEBACKENER ZIEGENFRISCHKÄSE
360 g Ziegenfrischkäse
2 TL Kräuterpistou (siehe Rezept Rote Bete, S. 234/235)
4 Blatt Brick- oder Strudelteig
etwas Butter zum Bestreichen
Salz, Pfeffer

MANGOKOMPOTT
1 TL Zucker
1 TL Weißweinessig
100 ml Gemüsefond
100 ml Mango-Chutney
½ Chilischote
1 EL süßsaure Chilisauce
1 reife Mango
1 TL rosa Pfefferkörner

• Den Ziegenfrischkäse in zwölf Scheiben schneiden, würzen und mit dem Kräuterpistou marinieren. Immer drei Scheiben aufeinanderlegen und in den Brick- oder Strudelteig einwickeln. Mit Butter bestreichen und bei 180 Grad im vorgeheizten Ofen ca. 6 Minuten backen.

• Für das Mangokompott den Zucker karamellisieren, mit etwas Weißweinessig und dem Gemüsefond ablöschen. Das Mango-Chutney, die fein geschnittene Chilischote und die Chilisauce beigeben und ca. 10 Minuten köcheln lassen. Alles mixen und mit dem restlichen Weißweinessig abschmecken. Dann die in Würfel geschnittene Mango beigeben und ein Mal kurz aufkochen. Zum Schluss den gestoßenen rosa Pfeffer dazugeben.

Steinpilzrisotto mit Ofentomaten und brauner Butter-Vinaigrette

S. 204 I FÜR 4 PERSONEN

RISOTTO
500 g Steinpilze
4 Schalotten
1 Knoblauchzehe
80 g Butter
3 EL Olivenöl
200 g Risotto (Arborio)
100 ml Weißwein
500 ml Steinpilzfond
500 ml Geflügelfond
1 EL Blattpetersilie, gehackt
5 EL Parmesan, frisch gerieben
Salz, Pfeffer

OFENTOMATEN
40 Kirschtomaten
2 Knoblauchzehen
2 Thymianzweige
2 Rosmarinzweige
4 EL Olivenöl
Salz, Pfeffer, Zucker

BRAUNE BUTTER-VINAIGRETTE
60 g Butter
1 EL alter Balsamico
1 TL Blattpetersilie, gehackt
Salz, Pfeffer, Zucker

• Für das Risotto die Steinpilze putzen, ein paar schöne Exemplare für die Deko beiseitenehmen. Die restlichen Pilze in Stücke schneiden. Mit den Abschnitten den Steinpilzfond herstellen. Die Schalotten fein schneiden, den Knoblauch pressen und in einem Topf mit 40 g Butter und etwas Olivenöl anziehen. Das Risotto beigeben und kurz mit anziehen. Mit dem Weißwein, Steinpilz- und Geflügelfond bedecken und leicht köcheln lassen. Immer wieder umrühren und nach und nach mit dem Fond auffüllen, bis der Reis bissfest ist. Die Steinpilze mit etwas Olivenöl und Butter anbraten, salzen, pfeffern und die Petersilie dazugeben. Die Pilze unter das Risotto heben. Nun den Parmesan unterrühren, mit der restlichen Butter und dem Olivenöl verfeinern.

• Für die Ofentomaten die Kirschtomaten waschen und halbieren. Die Tomaten in einer Schüssel mit dem Knoblauch, den Kräutern, dem Olivenöl, Salz, Pfeffer und Zucker mischen. Die Kirschtomaten mit der Schnittfläche nach oben auf ein Backblech geben. 45 Minuten bei 110 Grad (Umluft) in den vorgeheizten Backofen schieben.

• Für die braune Butter-Vinaigrette eine kleine Sauteuse stark erhitzen. Die Butter hinzugeben und zügig bis zur Nussbutter schwenken. Mit dem Balsamico ablöschen, mit Salz, Pfeffer und Zucker abschmecken. Zum Schluss die frisch gehackte Petersilie unterheben.

Terrine von gebratenen und marinierten Gemüsen

S. 206 | FÜR 4 PERSONEN

1 Zucchini
3 Paprika (1 gelbe, 1 rote, 1 grüne)
4 Schalotten
1 Aubergine
1 Fenchelknolle
5 EL Olivenöl
1 Thymianzweig
1 Rosmarinzweig
1 Knoblauchzehe
500 ml Tomatenfond (siehe Rezept Tomatensuppe, S. 236)
1 EL weißer Balsamico
6 Blatt Gelatine
Salz, Pfeffer, Zucker

• Das Gemüse waschen, putzen und in ca. 2 x 2 cm große Stücke schneiden. Einen breiten Topf erhitzen, dann das Olivenöl beigeben und das Gemüse darin anbraten. Alles würzen, die Thymian- und Rosmarinzweige sowie den frisch gepressten Knoblauch beigeben. Das Gemüse bissfest schmoren, dann auf ein Blech geben und abkühlen lassen. Den Tomatenfond mit weißem Balsamico, Salz, Pfeffer und Zucker kräftig abschmecken. Die Gelatine in kaltem Wasser einweichen und ausdrücken. Ein Drittel des Tomatenfonds erwärmen und darin die Gelatine auflösen. Dann das Tomatengelee wieder dem Fond beigeben. Eine Terrine mit Frischhaltefolie auslegen, das Gemüse einlegen und mit dem Tomatengelee auffüllen. Danach die Terrine 4–5 Stunden kühl stellen.

Lammrücken mit Kartoffel-Peperonata

S. 209 I FÜR 4 PERSONEN

800 g Lammrücken, geputzt
1 EL Senf
150 g Butter
Olivenöl zum Braten
Salz, Pfeffer

KRÄUTERKRUSTE
100 g Weißbrot, ohne Rinde
2 EL Petersilie, gehackt
1 EL Thymian und Rosmarin, gemischt und gehackt
1 Knoblauchzehe
Salz, Pfeffer

KARTOFFEL-PEPERONATA
2 Zucchini
3 Paprika (1 gelbe, 1 rote, 1 grüne)
6 Schalotten
2 Karotten
1 Staudensellerie
500 g kleine Kartoffeln, in der Schale gekocht und halbiert
3 EL Olivenöl
1 Thymianzweig
1 Rosmarinzweig
2 Knoblauchzehen
Salz, Pfeffer

• Für die Kräuterkruste das Weißbrot mit den Kräutern, dem Knoblauch, Salz und Pfeffer in einer Küchenmaschine mixen.

• Für die Kartoffel-Peperonata das Gemüse waschen, putzen und in ca. 3 x 3 cm große Stücke schneiden. Einen breiten Topf erhitzen, das Gemüse und die Kartoffeln in Olivenöl anbraten. Mit Salz und Pfeffer würzen, den Thymian- und Rosmarinzweig sowie den frisch gepressten Knoblauch beigeben. Das Gemüse bissfest schmoren, zum Schluss nochmals mit Olivenöl verfeinern.

• Den Lammrücken würzen und von allen Seiten mit Olivenöl anbraten, bis er im Kern beginnt, warm zu werden. Den Lammrücken an einer warmen Stelle ruhen lassen. Dann dünn mit Senf bestreichen und eine Schicht der Weißbrot-Kräuter-Masse aufstreichen. Mit geschmolzener Butter beträufeln. Dann nochmals eine dünne Schicht der Weißbrot-Kräuter-Masse aufstreichen und buttern, so entsteht im Backofen eine schöne Kräuterkruste. Den Lammrücken bei starker Oberhitze im oberen Drittel des Backofens kurz gratinieren. Zum Schluss tranchieren und mit der Kartoffel-Peperonata anrichten.

Rhabarbersuppe mit Topfen-Vanille-Mousse

S. 216 | FÜR 4 PERSONEN

RHABARBERSUPPE
300 g Rhabarber
150 g Zucker
100 ml Orangensaft
½ Vanilleschote, Mark und Kapsel
2 Blatt Gelatine

TOPFEN-VANILLE-MOUSSE
250 g Topfen (Quark)
50 g Zucker
1 Vanilleschote, Mark
1 unbehandelte Zitrone, Saft und Abrieb
300 g Sahne, geschlagen

125 ml Sekt zum Verfeinern

250 g Erdbeeren und ein paar Minzblätter als Deko

• Für die Rhabarbersuppe den Rhabarber waschen, putzen und in ca. 3–4 cm lange Stücke schneiden. Den Zucker in einem Topf hell karamellisieren, dann mit dem Orangensaft ablöschen. Das Mark aus der Vanilleschote kratzen, Mark und Kapsel in den Topf geben, dann die Rhabarberstücke. Alles kurz aufkochen, vom Herd nehmen und etwas ziehen lassen. Den noch warmen Fond abschütten und beiseitestellen. Die Rhabarberstücke kühl stellen.
Die Gelatine in kaltem Wasser einweichen, ausdrücken und im noch warmen Fond auflösen.
Den Fond kalt stellen.
Kurz vor dem Anrichten mit einem Stabmixer nochmals aufmixen.

• Für die Topfen-Vanille-Mousse den Topfen mit dem Zucker, Vanillemark, Zitronensaft und -abrieb verrühren. Die Masse kalt stellen.
Kurz vor dem Servieren die geschlagene Sahne unterheben. Mit einem heißen Löffel Nocken abstechen.

• In einem tiefen Teller die Rhabarberstücke, eine Nocke und die Topfen-Vanille-Mousse anrichten. Die Rhabarbersuppe angießen und zum Schluss mit etwas Sekt verfeinern.

TIPP Als Deko eignen sich Erdbeeren und Minzblätter.

Apfeltarte

S. 218 | FÜR 1 KUCHENFORM 32 CM Ø

MANDELMÜRBTEIG
250 g Mehl
200 g Butter
110 g Puderzucker
50 g Mandeln, gemahlen
1 Prise Salz
1 gestrichener TL Vanillezucker
2 Eier

ROYALE
250 g Sahne
2 Eier
100 g Zucker
1 EL Mondamin
1 Vanilleschote, Mark

8 Äpfel (am besten Boskop)
80 g Mandelblättchen
50 g Puderzucker

• Für den Mandelmürbteig alle Zutaten zu einem glatten Teig verarbeiten und mindestens 1 Stunde im Kühlschrank ruhen lassen. Eine runde Kuchenform buttern, den Teig ca. 4 mm ausrollen und damit auslegen.

• Für die Royale alle Zutaten mit einem Stabmixer vermischen.

• Die Äpfel schälen, entkernen, in Spalten schneiden und ringförmig in die vorbereitete Kuchenform legen. Dann die Royale eingießen. Die Mandelblättchen gleichmäßig darüberstreuen und mit dem Puderzucker bestäuben. Die Tarte im vorgeheizten Ofen ca. 35 Minuten backen.

Apfelkuchen mit Butterstreusel

S. 219 | FÜR 1 KUCHENFORM 32 CM Ø

BODEN
200 g Butter
250 g Zucker
1 Ei
300 g Mehl, gesiebt

STREUSEL
100 g Butter
125 g Zucker
175 g Mehl
25 g Mandeln, gemahlen

8 Äpfel (am besten Boskop)
Zimt und Zucker zum Bestreuen

• Für den Boden die Butter aufschlagen, den Zucker und das Ei beigeben, anschließend das Mehl unterheben. Eine runde Kuchenform mit Butter und Mehl auskleiden, den Teig einfüllen.

• Für die Streusel alle Zutaten mit einer Gabel oder mit den Händen vermischen.

• Die Äpfel schälen, entkernen, in Spalten schneiden und ringförmig in die vorbereitete Kuchenform legen. Leicht mit Zimt und Zucker bestreuen. Die Streusel auf die Äpfel geben. Bei 170–175 Grad im vorgeheizten Ofen 35–45 Minuten backen.

Topfennockerl mit Zwetschgenkompott

S. 222 | FÜR 4 PERSONEN

ZWETSCHGENKOMPOTT
200 g Zucker
150 ml Rotwein
200 ml Johannisbeersaft
½ Vanilleschote, Mark
1 unbehandelte Zitrone, Abrieb
2–3 EL Mondamin
300 g Zwetschgen, entkernt und geviertelt

TOPFENNOCKERL
30 g Butter
1 Eigelb
1 Ei
400 g Quark
100 g Zucker
2 cl Rum
1 unbehandelte Zitrone, Saft und Abrieb
150 g Toastbrot, ohne Rinde

FOND (ZUM GAREN DER NOCKERL)
½ Vanilleschote
½ unbehandelte Zitrone
½ unbehandelte Orange
500 ml Wasser
150 ml Orangensaft
150 g Zucker

SÜSSE SCHMELZE
100 g Semmelbrösel
150 g Butter
Zucker nach Belieben

• Für das Zwetschgenkompott den Zucker zu hellem Karamell schmelzen, mit Rotwein und 150 ml Johannisbeersaft ablöschen. So lange köcheln lassen, bis das Karamell aufgelöst ist. Die Vanilleschote aufschneiden und das Mark auskratzen, die Zitrone abreiben. Beides dem Fond beigeben. Das Mondamin mit dem restlichen Johannisbeersaft kalt auflösen und in den kochenden Fond einrühren. Der Fond sollte leicht anziehen. Dann den kochenden Fond über die Zwetschgen geben und alles 2–3 Stunden ziehen lassen.

• Für die Topfennockerl die Butter aufschlagen, dann langsam das Eigelb und das Ei unterrühren. Den Quark gut ausdrücken und unter die Butter-Ei-Masse geben. Den Zucker, den Rum, die abgeriebene Schale und den Saft der Zitrone unterrühren. Das Toastbrot in kleine Würfel schneiden und unter die Quarkmasse rühren. Die Masse 2–3 Stunden im Kühlschrank ruhen lassen.

• Für den Fond die Vanilleschote halbieren und auskratzen, die Zitrone und Orange in Scheiben schneiden. Alle Zutaten aufkochen.

• Die Topfenmasse mit einem Löffel zu Nockerl formen. Die Nockerl im Fond ca. 10 Minuten leicht sieden lassen. Herausnehmen und abtropfen lassen.

• Für die süße Schmelze die Semmelbrösel hellbraun rösten. Die Butter aufschäumen, dann die Brösel beigeben und mit Zucker nach Belieben süßen.

• Die Nockerl mit der süßen Schmelze garnieren.

Mango und Buttermilch im Glas

S. 225 I FÜR 4 PERSONEN

250 g Buttermilch
100 g Zucker
2 unbehandelte Limonen
2 ½ Blatt Gelatine
180 g Sahne, geschlagen
2 reife Mangos

• Die Buttermilch, 50 g Zucker, den Saft und den Abrieb von 1 Limone verrühren. Die Gelatine in kaltem Wasser einweichen und gut ausdrücken. Ein Drittel der Buttermilch erhitzen (nicht kochen) und darin die Gelatine auflösen. Das Ganze wieder der ursprünglichen Masse beigeben, alles gut vermischen und kühl stellen. Sobald die Buttermilch zu stocken beginnt, die geschlagene Sahne unterheben. Die Mangos schälen und aus den schönen, dicken Stücken Würfel schneiden. Das übrig gebliebene Fruchtfleisch mit dem restlichen Zucker und dem Saft von 1 Limone mixen und passieren. Die Mangowürfel mit der Sauce vermischen, dann abwechselnd mit der Buttermilchmousse in die Gläser schichten.

Tartelette von zartbitterer Schokolade

S. 226 I FÜR 4 PERSONEN

MANDELMÜRBTEIG
(siehe Rezept Apfeltarte, S. 246)

SCHOKOLADENMASSE
150 ml Sahne
110 g Zartbitterkuvertüre
25 g Zucker
½ Ei
12 g Butter
Linsen zum Blindbacken

• Für die Schokoladenmasse die Sahne aufkochen. Die Kuvertüre und den Zucker in der warmen Sahne auflösen. Das Ei und die Butter unterrühren. Etwas abkühlen lassen.

• Den geruhten Teig ca. 3 mm dünn ausrollen und 4 Tartelettförmchen (ca. 7 cm Ø) damit auslegen. Die Tartelettes bei 170 Grad im vorgeheizten Ofen goldbraun und blind vorbacken – das bedeutet: mit einer Gegenform backen oder mit Backpapier belegen, dann mit Linsen füllen und backen. So bekommen die Tartelettes eine schöne Form. Die abgekühlten Tartelettes mit der Schokoladenmasse füllen. Dann ca. 2–3 Minuten bei 170 Grad im Ofen backen, bis die Schokomasse anfängt, kleine Bläschen zu bilden.

Karamellisierte Creme von Mocca und weißer Schokolade mit Himbeersorbet

S. 229 | FÜR 4 PERSONEN

KARAMELLISIERTE CREME
180 ml Sahne
90 ml Milch
30 g Espressobohnen
50 g weiße Kuvertüre
50 g Eigelb
40 g Zucker
2 TL brauner Zucker

HIMBEERSORBET
320 g Himbeeren
150 g Puderzucker
3 Limonen, Saft

• Für die Creme die Sahne mit der Milch aufkochen und die Espressobohnen hinzugeben. Die Sahne-Milch-Mischung vom Herd nehmen und 30 Minuten ziehen lassen. Die Bohnen abpassieren und die weiße Kuvertüre in der Sahne-Milch-Mischung auflösen. Das Eigelb und den Zucker schaumig schlagen und die Flüssigkeit dazugeben. Die Creme in 4 Soufflé-förmchen füllen und entweder bei Dampf im Steamer bei 84 Grad abgedeckt stocken lassen oder ca. 20 Minuten in den Umluftofen (ebenfalls 84 Grad) schieben. Mit braunem Zucker bestreuen und mit einem Bunsenbrenner karamellisieren.

• Für das Sorbet die Himbeeren mit dem Puderzucker und dem Limonensaft mixen, passieren und in der Eismaschine frieren.

Mohnzopf

S. 230

250 ml Milch
1 Würfel frische Hefe
500 g Mehl
1 Prise Salz
50 g Butter
120 g Zucker
1 Ei
1 Pk. Mohnfix
etwas Rum

• Die Milch lauwarm erhitzen und die Hefe darin auflösen. Das Mehl sieben, Salz beifügen und in eine Schüssel geben. Eine Mulde formen und die Hefe-Milch-Mischung eingießen. 2–3 EL Mehl in die Hefemischung einrühren. Abdecken und ca. 20 Minuten gehen lassen. Die Butter schmelzen, den Zucker und das Ei beigeben und mit der Hefemischung zu einem Teig verarbeiten. Wieder 20 Minuten abgedeckt gehen lassen. Auf einer bemehlten Unterlage den Teig ausrollen. Das Mohnfix mit etwas Rum mischen. Den Teig mit dem Mohn bestreichen und zu drei Rollen formen. Die Rollen zu einem Zopf flechten. Nochmals gehen lassen und dann bei 170 Grad im vorgeheizten Ofen ca. 35–40 Minuten backen.

Sternen Post

Hugenhof

Schlegelhof

SÜSSES

BROTE

PESTO UND CHUTNEY

Ich danke meiner Familie und
meinen Mitarbeitern für ihre
Mitarbeit und Unterstützung...

besonders
Frank Beierkuhnlein
Nora Dettwiler
Thomas Naundorf
Laszlo Bartori
Simon Rettich und
Fabian Walbers

Bernd Lutz

Mein besonderer Dank gilt...

meiner Frau Petra
unseren Kindern Nina und Niclas
meinen Schwiegereltern Maria
und Gottfried
unseren Köchen Kai,
Manuel und Sonja
all unseren treuen Gästen...
und Dir, Michael, als Mentor

Klaus Ditz

Herzlichen Dank an
unser Küchenteam...

Karsten Lange
Daniel Schwörer
Ingam Platzek
Frank Burger
Dennis Wehle
und alle Azubis

Marianne und Martin Schlegel

Rombach Edition KG, Freiburg i.Br.
Idee und Fotografie: © Michael Wissing BFF, Winden
Rezepte Sternen Post: Bernd Lutz
Rezepte Hugenhof: Klaus Ditz
Rezepte Schlegelhof: Martin Schlegel
Text: Dr. Christian Hodeige, Markus Hemmerich
Bildredaktion, Gestaltung und Satz: Sanna Andrée-Müller, Freiburg i.Br.
Lektorat: Dr. Friederike Wursthorn, Freiburg i.Br.
Postproduktion: Joss Andres, Winden
Druck: Poppen & Ortmann, Freiburg i.Br.

ISBN 978-3-9815555-2-3

www.edition-rombach.de